Lisa Cairns
Gelebte Non-Dualität
Erfahrung ohne Ich

Lisa Cairns

Gelebte Non-Dualität
Erfahrung ohne Ich

Aus dem Englischen von
Frank Korte und Franziska Zander

Deutschsprachige Erstausgabe Oktober 2019
Copyright © 2019 adecis Verlag
Alle Rechte vorbehalten
Nachdruck, auch auszugsweise, nicht gestattet
Das Werk, einschließlich seiner Teile, ist urheberrechtlich geschützt.
Jede Verwertung ist ohne Zustimmung des Verlages und des Autors unzulässig.
Dies gilt insbesondere für die elektronische oder sonstige Vervielfältigung,
Übersetzung, Verbreitung und öffentliche Zugänglichmachung.

adecis Verlag – ein Projekt der
adecis GbR, Frank Korte und Mareike Reimer
Wörthstr. 5 · 65185 Wiesbaden · Tel.: +49 611 525411
E-Mail: info@adecis.de · www.adecis-verlag.de

Transkription (Englisch): Julie Rumbarger
Redaktion und Lektorat: Frank Korte, Mareike Reimer, Franziska Zander
Korrektorat: Verena Beau, www.dasgoldenewort.de
Covergestaltung & Satz: Wolkenart – Marie-Katharina Wölk, www.wolkenart.com

Herstellung: BoD – Books on Demand, Norderstedt.
1. Auflage
ISBN: 978-3-947193-11-0 (Print)
ISBN: 978-3-947193-12-7 (E-Book)

Inhalt

Über dieses Buch

Lisa Cairns, geboren 1980 in der Nähe von London, gewinnt auch in den deutschsprachigen Ländern zunehmend an Bekanntheit. Die authentische und unprätentiöse Art, in der sie die Lehre des Advaita bzw. der Non-Dualität vermittelt, berührt die Herzen der Teilnehmer ihrer Vorträge und Retreats.

Direkt und lebensnah, manchmal schockierend offen, aber immer respektvoll und zugewandt, beantwortet Lisa die Fragen der Suchenden. Die tiefe Wahrheit, die sie selbst erfährt, spricht aus jeder Zeile des Buchs. So stellt es ein Grundlagenwerk dar, das den Vergleich mit Klassikern der spirituellen Literatur nicht zu scheuen braucht.

Dieses Buch ist kein Selbsthilfe-Buch. Es will nicht dazu anleiten, ein besseres Leben zu führen, ein guter Mensch zu sein oder schönere Erfahrungen zu machen. Stattdessen weist es auf ein Zuhause hin, das jenseits jeder Erfahrung liegt; ein Zuhause, das schon immer hier gewesen ist, unabhängig davon, was man über sich selbst und die Welt zu wissen glaubte. Lisa Cairns spricht von wirklicher Freiheit, die nicht auf Wunschdenken, Ideologien oder dem Verlauf des individuellen Lebens basiert. Sie entlarvt die Tricks, die der Verstand uns spielt, und verweist die Suchenden immer wieder auf die *eine* Wahrheit hinter allen Dingen, unbeirrbar und kompromisslos, lässt aber jeden frei, diese Wahrheit in sich selbst zu entdecken.

> *»Ich bin alles Mögliche. Ich bin ganz sicher nicht das, was sich irgendwer unter Erleuchtung vorstellen würde. Und das will ich auch nicht sein.*
>
> *Es gibt genug Leute dort draußen, die das für dich spielen wollen, und wenn du das Gefühl hast, dass du dieses Spiel mit jemandem spielen musst, dann bitte, geh und spiel es mit ihnen – aber nicht mit mir.*
>
> *Alles, was ich will, ist, meine Liebe auszudrücken. Und wenn du dort sitzt und sie spürst und diese Liebe vollkommen als deine eigene Liebe erkennen kannst, dann ist es das, was ich möchte.«*
> *(Lisa Cairns)*

Das vorliegende Buch basiert auf der englischen Ausgabe *»Lisa Cairns, For the love of everything«*, die Vorträge von Lisa sowie Dialoge mit Teilnehmern ihrer Veranstaltungen enthält.

Die Texte wurden von einem erfahrenen Team mit großer Sorgfalt übersetzt, lektoriert und redaktionell bearbeitet. Zudem erhielten einige Kapitel neue, aussagekräftigere Überschriften, die der besseren Orientierung dienen. Die Reihenfolge der Kapitel wurde leicht verändert, um eine stimmigere Aufeinanderfolge der Themen zu erzielen.

Wir hoffen, dass die Worte der Autorin ebenso einen Weg in Ihr Herz finden, wie wir es erleben durften.

Ihr adecis-Verlag

Persönliche Geschichte

Mein Gedächtnis ist nicht mehr so gut heutzutage – vielleicht erinnere ich mich deshalb an manches falsch oder nicht vollständig. Außerdem möchte ich darauf hinweisen, dass dies nur Lisas Version der Ereignisse ist. Es ist nicht die Wahrheit, es ist nicht das, was passiert ist, sondern das, was im »Lisa-Gehirn« abgespeichert wurde. Ich bin sicher, andere Beteiligte dieser Geschichte würden sie ganz unterschiedlich erzählen.

Das hohe Sprungbrett

Oft sind meine Eltern – hauptsächlich aber mein Vater – freitagabends und samstagnachmittags mit uns ins örtliche Schwimmbad gegangen. Ich erinnere mich an unser Vergnügen, wenn wir spielten, er sei der Hai, der uns jagt, an sein vertrautes Gesicht, das aus dem Wasser auftauchte, und wie er »Rarrrr« machte – süß!

Eines der Schwimmbecken hatte ein hohes Sprungbrett. Es gab drei Bretter: ein niedriges, ein mittleres und ein sehr hohes.

Mein älterer Bruder James rannte meist das

höchste Sprungbrett empor und sprang sofort. Ich folgte ihm und stand noch am Rand des Brettes, wenn er schon zum zweiten Durchgang ansetzte. Ich wollte ihm immer ähnlich sein. Ich liebte seinen Mut. Er kam mir so tapfer vor.

Manchmal saß ich die ganze Zeit, während wir im Schwimmbad waren, auf dem höchsten Brett und zögerte mit in der Luft baumelnden Füßen meinen Sprung hinaus. Wenn mein Vater mich herunterrief, begann ich oft zu weinen, während ich hinabkletterte. Ich mochte es nicht, Angst vor irgendetwas zu haben.

Mein Bruder

Mein Bruder war ein hübsches Kind. So hübsch, dass die Leute dachten, er sei ein Mädchen. Er hatte tiefrote Ringellocken, große rehbraune Augen und eine sanftes, zu albernen Späßen aufgelegtes Wesen.

Ich erinnere mich an nicht allzu viel aus unserer Kindheit. Sie fühlt sich so weit weg an – wie ein anderes Leben. Doch es gibt Erinnerungen, die hervorstechen. Meist sind das – statt der guten Erinnerungen – eher solche, die mich schockierten oder mir Angst machten. Schade, dass das Gehirn es so abspeichert, aber es ist offensichtlich, dass es auf diese Weise arbeitet.

Ich glaube, die traurigsten Erinnerungen, deren Zeuge ich wurde, haben damit zu tun, wie es meinem Bruder ergangen ist.

Als ich zehn Jahre alt war, wurde er zum ersten Mal in eine psychiatrische Anstalt eingeliefert. Er war dreizehn. Man erklärte mir, dass sein Kopf »kaputt gegangen« sei. Wie ein gebrochener Arm – aber eben der Kopf.

Wenn ich anderen Leuten davon erzählte, schauten sie mich mit traurigen Augen an und fragten, ob es mir gut ginge.

Ich konnte es damals gar nicht richtig verstehen. Ich verstand nicht, dass es schlimm und traurig war. Ich verstand nicht, dass es an seinem »kaputten Kopf« lag, dass er nachts stundenlang schrie, während mein Vater ihn festhalten musste. Ich verstand nicht, dass sein kaputter Kopf daran Schuld war, dass er vor Angst zitterte und sich weigerte, zu essen, oder dass meine Oma und ich Alufolie tragen mussten, um uns gegen Außerirdische zu schützen. Ich glaubte, es sei einfach nur die Eigenart meines Bruders. Ich war nicht einmal sicher, was ein kaputter Kopf bedeutete.

Als ich mir den Arm gebrochen hatte, fand ich es gar nicht mal so übel, weil ich dadurch viel Aufmerksamkeit und Geschenke bekam. Zuerst tat es weh, aber ich konnte mich wichtig fühlen. Deshalb fragte ich mich, ob das alles tatsächlich solch eine schlechte Sache war.

Dass es äußerst schlimm um ihn stand, begriff ich nicht, bis wir ihn das erste Mal alleine im Krankenhaus zurückließen. Die Krankenschwestern mussten ihn festhalten, während er schrie und uns anflehte, ihn nicht zu verlassen. Ich fand das ziemlich amüsant. So viel Action und Geschrei, wie im Fernsehen – wie in der Serie *»EastEnders«*.

Meine Mutter, mein Vater, ich und mein Hund verließen das Krankenhaus, während er hinter uns brüllte und gegen die Glastür schlug – Krankenschwestern überall.

Ich hörte meinen Vater lachen. »Gott sei Dank«, dachte ich, »es ist okay, zu lachen!« Also lachte ich ebenfalls.

Meine Mutter, die vor mir lief, heulte und jammerte, als würde sie umgebracht. Wie seltsam ... Ich ging zu ihr und sagte: »Weine nicht, Mama, es ist doch lustig! Papa lacht auch.«

Es sah aus, als würde sie zusammenbrechen, mein

Vater sprang herbei und stützte sie. Ich schaute in sein Gesicht und mir wurde klar, dass er gar nicht lachte. Er weinte!

Die Schuld

Niemals in meinen zehn Jahren hatte ich solch ein quälendes Gefühl von Schuld erlebt. Meine Eltern weinten in jener Nacht auf dem Weg nach Hause. Ich saß hinten mit meinem Hund Bonny und brannte vor Scham.

Ich hatte es für lustig gehalten … für einen Spaß. Doch es war keiner. Nie zuvor hatte ich sie beide weinen sehen. Ich hatte nicht begriffen, dass mein Vater weinte. Und ich hatte zu beiden laut gesagt, dass ich es lustig fände.

Ich fühlte mich wochenlang krank, war außerstande, mit meinen Freunden in der Schule zu spielen, und konnte mich nicht mehr konzentrieren. Alles in mir schmerzte und in meinem Kopf spielte sich immer und immer wieder die stundenlange Autofahrt ab, auf der sie beide weinten. Jetzt verstand ich, dass der kaputte Kopf meines Bruders eine sehr schlimme Sache sein musste.

Ich weinte mich nachts selbst in den Schlaf. Ich war so traurig darüber, dass sie traurig waren, und wünschte mir, ich könnte sie von ihren Schmerzen befreien. Ich weinte und weinte über ihren Kummer. Meine Eltern waren die ganze Zeit unglücklich. Meine Mutter brach schon frühmorgens in Tränen aus, wenn sie ihre Haare machte.

Ich begann, mir Möglichkeiten auszumalen, wie ich Menschen helfen könnte. Ich träumte davon, ein Heim für Hunde aufzubauen, um verlassene Hunde zu retten. Schon seltsam, was der Geist sich alles ausdenkt, wenn man leidet.

Eines Nachts brachte ich den Mut auf, mich bei meiner Mutter für mein Lachen zu entschuldigen. Wir sahen gerade *»EastEnders«* und es platzte einfach aus mir heraus. Ich versuchte ihr zu erklären, dass ich nicht verstanden hatte, dass es so schlimm um meinen Bruder stand. Sie nahm mich in den Arm und sagte mir, es sei alles in Ordnung. Ab da begann das Schuldgefühl zu verblassen.

Eingebildete Probleme

Sie ging niemals richtig weg, die Krankheit meines Bruders (na ja, so nennen sie es jedenfalls). Es waren jetzt 25 Jahre voller Medikamente, Ärzte, Sozialarbeiter und Krankenhäuser. Ich kann euch die traurigsten Geschichten von menschlichem Leid erzählen – Leid jenseits eurer Vorstellungskraft. Nicht weil es tatsächlich irgendein Problem gab, sondern weil sich das Gehirn meines Bruders die Probleme einbildete.

Stundenlanges Sitzen im Auto vor dem Krankenhaus, Weinen über die Traurigkeit seiner Situation und darüber dass, was auch immer passieren mochte, nichts sein Gehirn veranlassen würde, bessere Geschichten zu erzählen.

Ich sah, dass die Hölle nichts mit dem Lauf der Dinge zu tun hatte – mit dem, was passierte –, sie hatte damit zu tun, wie das Gehirn es interpretierte.

Auch wenn die Gesellschaft behauptet, es läge am Lauf der Dinge, so wusste ich doch, dass es nicht stimmte. Mein Bruder sah die Hölle, obwohl es keine gab.

Ab da begann mein Leben sich zu verdunkeln.

Meine Eltern waren todunglücklich und schienen

immer weniger Zeit zu Hause zu verbringen. Deshalb war ich oft mit meiner behinderten Großmutter zusammen, die bei uns lebte.

Es gab gute Zeiten – mit Freunden, Jungs, Gelächter, Urlaub und Tieren –, aber ich wurde mehr und mehr mit meinem Bruder alleingelassen, als er aus dem Krankenhaus kam.

Während meine Großmutter im vorderen Teil unseres großen Hauses lebte, hielten mein Bruder und ich uns meist im hinteren Teil auf. Natürlich begannen wir, seltsame Verhaltensmuster zu entwickeln. Wir stritten viel und trugen körperliche Kämpfe aus. Ich fühlte mich im Umgang mit ihm so hilflos.

Dann begann ich, in eine heimliche Krankheit zu flüchten, was eine große Erleichterung war. Es klingt komisch, aber für einen Bulimiker ist das Erbrechen häufig der beste Teil des Ganzen.

Es wurde immer schlimmer, bis ich an manchen Tagen zehn bis fünfzehn Fressanfälle hatte und dann alles wieder erbrach.

Spirituelle Suche

Ich hatte mich nicht bewusst dafür entschieden, auf eine spirituelle Suche zu gehen, aber irgendwie musste ich es tun, weil ich sonst wahrscheinlich jung an den Folgen der Bulimie gestorben wäre. Doch das stellte nicht den wahren Ansporn dar. Tatsächlich war es die Frage »Warum?«, die den Ausschlag gab – »Warum dies?«.

Ich war noch immer ein Teenager und musste Antworten darauf finden. Es war völlig ausgeschlossen, dass dieses Energiebündel, das ich war, sich mit Heirat und Kindern zufriedengegeben hätte – oder auch nur damit, im Hamsterrad zu laufen.

Ich musste wissen, warum.

Zehn Jahre lang fühlte ich mich, als würde mir alles, was ich zu kennen glaubte, abgenommen werden. Es fühlte sich an, als würde ich ständig auf der Kante des Sprungbrettes sitzen. Ich kann nicht mehr sagen, wie oder warum das so war, es passierte einfach. Manchmal war es körperlich schmerzhaft. Alles ging verloren und alles wurde in Frage gestellt. Ab und zu war es aber auch sehr spannend.

Ich las Bücher, hörte spirituellen Lehrern zu, praktizierte seltsame Methoden und lebte mit Körpern zusammen, die meist innerlich leer waren. Es gab

Drogen, Sex, Alkohol, Essen, Scheißen und Leben, einfach Leben, das in einem permanenten Zustand des Wandels begriffen war.

Ich kannte nie den Weg. Es gab immer Zweifel. Ich hatte nie erwartet, dass dieser Weg zur Befreiung führen würde. Es passierte, ohne dass ich merkte, dass es passierte.

Grenzenlose Liebe

Eines Tages, nach vielen Erfahrungen und Momenten des Erwachens, änderte sich alles.

Es war nicht so, als hätte es auf einmal Sinn ergeben oder »Klick« gemacht oder als wäre da plötzlich ein Verstehen gewesen.

Da war nur Liebe. Überall. Die grenzenlose Unmittelbarkeit von allem – aber nicht für Lisa ... Es war *Alles*!

Vorher war ich in meinem Körper und nahm die Welt durch die Zeit und ein »Ich« wahr. Dann war das verschwunden und da war *Alles*. Die Lebendigkeit war nicht mehr länger eine in Lisas Körper gebundene Lebendigkeit. Sie gehörte nicht mehr zu einer Geschichte innerhalb der Zeit oder einer Beschreibung in Worten oder einem Körper, der sich durch die Welt bewegte.

Es war *Alles* und *Nichts* – und komplett unfassbar. Es konnte nicht »verstanden werden«.

Und es ist kein finaler Zustand. In dieser sonderbaren Realität, in der die Welt scheinbar durch einen Körper wahrgenommen wird, befindet sich dieser Körper in einem Zustand des Wandels und der Entwicklung. Veränderung, inneres Wachstum und Erkenntnis geschehen auch weiterhin.

Ich sehe mich selbst nicht als befreit oder unbefreit an, hier oder nicht hier, vollendet oder unvollendet. Ich weiß nicht, wo ich stehe. Um mich selbst beurteilen zu können, müsste ich ein »Du« kennen – und das kenne ich nicht.

Auch wenn Sprechen und Schreiben darüber stattfinden, gibt es keine Vorstellung eines Weges, der hierherführt. Alles scheint jetzt wie ein Traum: ich und mein Leben und der Weg durch die Zeit. Ein Traum, der nirgendwo ankommt.

Sprechen und Zuhören geschehen, aber das, worüber gesprochen oder geschrieben wird, kann nicht von einem »Jemand« erkannt werden. Es kann nicht einmal erkannt werden, dass Lisa alles verloren hat.

Und dann ... lachen wir ...

Die Suche nach Erfüllung

Was scheinbar geschieht: Das Baby wird geboren, ohne Bewusstsein dafür, dass es geboren wurde, dass es ein Baby ist und dass eine Trennung zwischen ihm selbst und dem Leben oder ihm selbst und seiner Mutter existiert. Es gibt keinerlei kompliziertes Denken, keine energetische Verdichtung *(engl.: »energetic contraction« – das »Ich«)*. Das Baby versteht nicht, was eine Krippe oder eine Hand ist, was »anfangen« oder »aufhören« bedeutet. Es besitzt kein Empfinden dafür, dass vor zwei Monaten ein »Ich« begonnen hat oder dass dieses »Ich« ein Junge oder ein Mädchen ist. Alles, was geschieht, ist pure Lebendigkeit.

Dann bahnt sich langsam ein Erkennen an, das sagt: »Ich bin ein Körper«, oder: »Ich höre am äußeren Ende meines Körpers auf und da draußen ist meine Mutter.«
Es startet als ein Gefühl, weniger als ein Gedanke, denn Babys können nicht rational denken. Jedoch scheint ein wachsendes Empfinden von »Ich bin eine Person« oder »Ich bin John« aufzukommen.

Die erste Konditionierung nimmt ihren Lauf, nachdem der Name feststeht. Bald darauf bringen die

Eltern dem Kind bei, was »gut« und »böse« bedeuten. Dies ist der Beginn der Konditionierung durch ein Belohnungssystem – die wichtigste aller Konditionierungen. Sie vermittelt: »Du musst dich lieb verhalten und dich dafür entscheiden, gut zu handeln.«

Es gibt einige Ausnahmen, die hiervon abweichen können und durch die das Kind möglicherweise zu negativem Verhalten konditioniert wird. Auf dieses negative Verhalten wird dann – aus Sicht des Kindes positiv – reagiert, indem das Kind Zuwendung erhält.

Nichts davon ist falsch oder richtig. Es ist einfach etwas, das erscheint, und – nicht anders als Licht oder Bäume – lediglich eine weitere Form des Lebens, die sich selbst Ausdruck verleiht.

Dann geht es weiter, wenn das Kind andere Kinder trifft und sich die Konditionierung einprägt, ein gutes Kind zu sein und nett mit seinen Freunden zu spielen. Kinder lernen, dass sie lieb sein müssen, um belohnt zu werden, oder sich schlecht benehmen müssen, um negative Aufmerksamkeit zu bekommen.

Schließlich werden sie eingeschult und lernen, all diese Buchstaben zu schreiben sowie logisch zu denken, um belohnt zu werden. An diesem Punkt des menschlichen Lebens kann man noch nicht von

Leiden sprechen. Es mögen zeitweise unangenehme Gefühle auftreten, aber meistens ist da nur Grenzenlosigkeit und das Kind hat noch nicht allzu viel Empfinden von Identität entwickelt.

Allmählich beginnt das Kind, in einen Wettbewerb einzutreten, und möchte der oder die Beste sein, weil die Konditionierung lehrt, dass es Glück und Erfüllung bedeutet, die meiste Aufmerksamkeit zu gewinnen.

Manche Kinder allerdings werden die persönliche Aufmerksamkeit zurückweisen, weil sie im Hinblick auf Erfüllung vielleicht eine spezifische Konditionierung besitzen.

Die Pubertät bricht an und Erfüllung wird in der Aufmerksamkeit durch das andere Geschlecht gefunden – oder darin, die Zukunft zu planen.

Mehr und mehr dieser Konzepte entstehen und *Dies* – was ist – verliert zunehmend an Bedeutung. Wichtigkeit scheint im Suchen innerhalb der Zeit zu liegen und was tatsächlich geschieht, wird allenfalls als das Drittbeste betrachtet. Das Beste ist die Zukunft, das Zweitbeste die Vergangenheit und das Drittbeste ist *Dies*.

Dies kommt dir nicht mehr sonderlich spannend vor, denn die Spannung entsteht aus der Sehnsucht nach der Zukunft oder dem, was dich dort erwartet – dass du reich bist oder ein Haus haben wirst oder bestimmte Dinge tust.

Das Suchen setzt sich fort und wird zunehmend bedeutsamer. Jetzt geht er oder sie vielleicht zur Universität, schließt das Studium ab, heiratet, bekommt ein eigenes Zuhause, einen Hund oder bereist die Welt. All das geschieht im Streben nach dem eigenen persönlichen Glück.

An diesem Spiel ist nichts verkehrt – es ist lediglich etwas, das passiert. Du hast es nicht unter Kontrolle; niemand hat es unter Kontrolle.

Es geht auch nicht darum, dass Eltern aufhören sollten, ihre Kinder zu konditionieren oder ihnen etwas beizubringen. Innerhalb der menschlichen Dynamik erscheint nun einmal dieser gewaltige Fokus auf Zeit. Er dreht sich darum, dass das »Ich« angeblich jemand innerhalb der Zeit ist und nach seinem eigenen Glück streben sollte.

Aber *Dies* wird kaum jemals zur Notiz genommen oder darüber gesprochen.

Das erste Mal hörte ich davon im Buddhismus, als sie sagten, dass man »im Moment sein« solle. Ich spürte eine Resonanz, weil ich wusste, dass am Sehnen und Greifen nach der Zukunft etwas nicht ganz stimmen konnte. Es war auffallend, dass die Sehnsucht häufig auftauchte, wenn ich mich unwohl oder unzureichend fühlte.

Ich begann, anderen Rednern zuzuhören, und es wurde offensichtlich, dass ich mich nicht dazu zwingen konnte, im Moment zu sein. Das wäre nur ein Gedanke gewesen oder nur eine weitere Idee, die letztendlich verblassen und zerfallen würde.

Es gab einen Prozess, der anscheinend ablief, und all dieses Verlangen und Greifen nach zukünftigen Ereignissen, die mir Glück bringen sollten, begann zu bröckeln.

Manchmal zerfiel es dadurch, dass ich die Dinge bekam und dann dachte: »Oh, und was jetzt?«

Ich verbrachte einen super Urlaub, reiste sechs Monate lang und trotzdem war es immer noch das normale Leben und es tauchten noch immer Unbehagen, Enttäuschung und Traurigkeit auf.

Oder ich »bekam« den Freund, den ich zwei Jahre lang zu erobern versucht hatte, und das Fazit lautete, dass die Sehnsucht nach ihm dann doch die angenehmere Erfahrung gewesen war.

Es trat immer klarer zutage, dass das ganze Leben oder die Motivation zum Leben auf dem Streben nach der Zukunft basierte. Es ging nie darum, was genau jetzt geschah, es ging mehr um diese große Strategie des »Was-wird-sein?«.

Was tatsächlich gewollt wurde, war jetzt hier, und das wurde ignoriert. Müdigkeit wurde verdrängt mit »Nein, ich muss arbeiten, um Erfolg zu haben«. Hunger wurde beiseitegeschoben mit »Nein, ich darf nicht essen, ich muss schlank bleiben«. Wenn ich mit meinem Partner zusammen war, ging es mehr darum, ihn zu beeindrucken und bei Laune zu halten, damit »Ich« seine Liebe »bekommen« und »behalten« konnte.

Ich war niemals einfach nur im Sein, sondern lebte immer mit einer Strategie für die Zukunft.

Was im jeweiligen Moment tatsächlich gewollt wird, ist von all den Schichten überlagert, die dir sagen, dass du etwas »tun« musst, um tun zu können, was du wirklich willst. Eine Handlung geschieht und muss sich einpassen in diese ganze Strategie von »eines Tages zur Erfüllung gelangen«.

Es mag immer deutlicher werden, dass du niemals Erfüllung finden wirst. Erfüllung in der Zukunft zu suchen, bedeutet, zu träumen. Es ist ein Märchenland, eine vollkommen falsche Welt der ausgedachten Vergnügen und eines imaginären »Ich«, das dort anzukommen hofft.

Wir können noch nicht einmal die Frage beantworten, wer wir sind, geschweige denn, wie dieses Vergnügen überhaupt aussehen könnte. Was ist dieses Vergnügen, das so erfüllend sein soll?

Einmal fragte ich einen jungen Mann, der sehr an Sex interessiert war, ob er sich einen dauerhaften Orgasmus wünschen würde. Er saß da und dachte darüber nach. Dann sagte er: »Nein, das würde ich nicht wollen – vielleicht nur für ein paar Stunden.«

Dieser Traum fühlt sich so real an. Aber was für ein ultimatives Vergnügen soll es sein, das wir erlangen möchten?

Da ist all dieses »Wenn«, all das »Wenn-doch-bloß«. Es kann verführerisch sein und wie eine reale Möglichkeit wirken, dass ich glücklich werden könnte, wenn ich dieses oder jenes tue.

»Wenn ich darauf verzichte, werde ich glücklich sein.«

»Wenn ich damit aufhöre, werde ich glücklich sein.«

»Wenn ich meine Eltern dazu bringe, mich zu respektieren, werde ich glücklich sein.«

»Wenn ich bei der Arbeit etwas leiste, werden die Leute mich zu schätzen wissen.«

»Wenn ich genug Geld habe, kann ich aufhören, mich um Geld zu sorgen.«

»Wenn ich ihn oder sie dazu bringe, mich anzuerkennen, werde ich glücklich sein.«

»Ich werde glücklich sein, wenn er aufhört, Probleme zu machen.«

Es geht weiter und immer weiter …

Lebendigkeit

Es gibt diese Lebendigkeit oder Bewusstheit und sie ist die ganze Zeit hier. Sie ist hier in Momenten großer Freude und großer Sorge, in Schmerz und Gleichgültigkeit, wenn du Drogen genommen hast oder auf der Toilette sitzt.

Was in dieser Lebendigkeit erscheint und verschwindet, ist: »Ich bin ein Körper.« »Ich bin ein Gedanke.« »Ich bin eine Idee.« »Ich bin wütend.« »Ich bin drogenabhängig.« »Ich bin friedlich.« ... und so weiter.

An all dem ist nichts falsch. All das kommt und geht. Aber die Lebendigkeit geht niemals – sie ist ewig lebendig. Lebendigkeit besteht *vor* dem Gedanken »Ich bin der Körper«. Sie kennt keinen Anfang und kein Ende.

Die Gedanken werden sagen, die Lebendigkeit befände sich im Körper und das sei so, weil der Körper lebt – doch tatsächlich ist es umgekehrt. Der Körper ist das, was innerhalb dieser Lebendigkeit kommt und geht. Lebendigkeit ist als Erstes da und hat nichts mit dem Leben oder dem Tod von etwas zu tun – zumal es niemals wirklich einen Tod, sondern nur den Wandel gibt.

Der schönste Aspekt der Lebendigkeit ist, dass du niemals in der Lage sein wirst, sie zu finden oder zu sehen oder sie durch Gedanken oder den Intellekt zu verstehen.

Und doch ist alles Lebendigkeit.

Tatsächlich gibt es »andere Dinge« nicht. Es ist alles das eine. Alle Dinge bewegen und verändern sich, deshalb gibt es keine Dinge. Alles erscheint in der Lebendigkeit als eine einzige Bewegung.

Der Geist jedoch teilt die Dinge auf und sagt: »Ich bin ein Körper und die anderen sind getrennt von mir.« Dieses scheinbare Getrenntsein legt den Grundstein für die Gedanken: »Ich bin allein«, »Ich bin nicht gut genug«, »Ich bin verwundbar«.

Es ist nichts verkehrt an der Beschreibung von Körpern oder scheinbaren Dingen, doch sind sie nicht, wer du bist. Sie sind in keiner Hinsicht wahr, sondern nur Beschreibungen, die entstehen. Aber ein scheinbar getrenntes Wesen hat sich mit diesen Beschreibungen identifiziert und sich darin verloren ...

Meine Erklärung mag sich recht kompliziert anhören, doch tatsächlich stellt sie nur ein einfaches Zurückverweisen auf das dar, was wirklich geschieht. Sie ist weder schwer zu verstehen noch abgehoben. Sie verweist auf die Natur des Seins. Die Schönheit des Ganzen liegt darin, dass du diese Lebendigkeit *bist*.

Es kann geschehen, dass sich die Energie der sehr beschränkten Vorstellung von »Ich und meine Grenzen« in *Alles* verwandelt – das grenzenlos ist. Das bedeutet den Zusammenbruch dessen, was du zu wissen glaubst und für real hältst.

Was tatsächlich geschieht, ist Einheit.
Kann es irgendetwas außerhalb davon geben?

Vergleich und Beschreibung

Um dich selbst zu kennen, musst du andere kennen. Sprache basiert auf dem Vergleich. Ich bin dieses und du bist jenes, ich weiß dies und du weißt das. Das ist groß, das ist klein, das ist gut und das ist schlecht.

Falls du zwei Kinder hast, mag das erste vielleicht bessere Manieren haben als das zweite, und somit ist das eine Kind das liebe und das andere das böse. Dann kannst du der Mixtur ein drittes Kind hinzufügen, das sogar noch besser als die beiden anderen ist. Und plötzlich ist das gute Kind nicht mehr so gut, sondern nur noch Durchschnitt, und das böse Kind ist jetzt wirklich sehr böse.

Es liegt alles im Vergleich. Wir unterscheiden Farben, indem wir sie miteinander vergleichen. Wenn alles nur gelb wäre, gäbe es nichts. Wir erkennen die gelbe Farbe wegen all der anderen Farben.

Denjenigen, für den wir uns halten, erkennen wir auf die gleiche Weise. Wenn derjenige, der wir zu sein glauben, ständig mit anderen Objekten verglichen wird, bedeutet das, dass es kein festgelegtes »Ich« gibt.

Das »Ich« verändert sich ständig – abhängig von den anderen Objekten innerhalb seiner Wahrnehmung.

Es steht in einem permanenten Prozess des Vergleichs, denn alle Objekte bewegen sich die ganze Zeit, was bedeutet, dass sich auch die Vergleichsbasis fortwährend verändert. So beginnt man zu erkennen, dass kein festes »Ich« existiert, sondern nur Beschreibungen, die sich auf den Körper beziehen. Sie sind nicht präzise, es sind bloß Beschreibungen innerhalb einer Sprache. In ihnen ist ganz bestimmt kein »Jemand« oder ein unveränderliches »Ich« zu finden.

Die »Ich«-Energie will sich selbst stabilisieren, sie will all die Bewegungen und Erscheinungen zusammenhalten, um fest und unverändert zu bleiben. Sie versucht, zu einem bestimmten »Jemand« zu werden, um ihre Existenz als separates Wesen zu bekräftigen. Das ist so, als würde sie ständig ins Leere greifen und sich bemühen, Luft festzuhalten. Denn dieser »Jemand«, für den du dich hältst, ist in ständiger Bewegung und niemals eine Realität. So entsteht ein permanenter Kampf darum, dich selbst und die anderen zu einem »Jemand« zu machen.

Eine Beschreibung ist etwas, das Menschen benutzen, um sich weiterzuentwickeln und Fortschritte zu ermöglichen. Die Beschreibung des Körpers kann nicht das sein, was du wirklich bist. Die Beschreibung

des Körpers erscheint lediglich in dem, was du bist –
und das ist *Alles* und gleichzeitig *Nichts*.

Es gibt etwas, das immer hier war, das sich niemals
verändert, das unbewegt bleibt, auch wenn scheinbar
Bewegung in ihm geschieht. Es ist *Nichts* und dennoch *Alles*. Es ist laut und es ist still. Wir können es
Lebendigkeit nennen, aber das ist es nicht wirklich.
Lebendigkeit ist nur ein sehr begrenztes und kleines
Wort, mit dem wir es versehen, um darüber sprechen
zu können. Das Gegenteil von Lebendigkeit ist der
Tod und deshalb wäre es das falsche Wort, denn es
ist etwas, das nicht sterben kann, das immer da ist.
Diese Lebendigkeit ist absolut frei, grenzenlos und in
keiner Weise eingeschränkt. Träume von Einschrän-
kung erscheinen in ihr, es sind Träume innerhalb
eines Wesens, das von allen anderen getrennt zu sein
scheint, das aufgrund von Beschreibungen und Vergleichen als gebunden erscheint.

Ein Aspekt dieser Lebendigkeit kennt kein Geschehen; dieser Teil ist leer und unbewegt, so unbewegt,
dass das Wort »unbewegt« nicht ausreicht, um ihn zu
beschreiben.

Der andere Aspekt ist das Erscheinen all dieser
Formen – vieler verschiedener Formen, die alle aus

der selben Substanz bestehen. Diese Formen scheinen sich in Bewegung zu befinden und sich von einer Form in die andere zu transformieren.

Es gibt keine Form, in der ein »Ich« existiert, und dennoch kann es eine Persönlichkeit geben, die auftaucht und verschwindet, eine Persönlichkeit, die eine Beschreibung des Körper-Geist-Mechanismus darstellt.

Aber das ist nicht, wer du bist oder wer der andere ist. Es sind Erscheinungen, die auftauchen, die kommen und gehen – nur Erscheinungen, nicht die Wahrheit. Sie sind ständig in Bewegung und es existieren keine festen Persönlichkeiten. Die Personen verändern sich permanent, sie wachsen und entwickeln sich. Es gibt keinen freien Willen in den Entscheidungen, die sie treffen. Es gibt nur Bewegung und den Anschein von Wahl, der von nirgendwoher kommt – aus diesem *Nichts*.

Das Mysterium

Wir sind sehr daran gewöhnt, uns von mentalen Ideen überzeugen zu lassen, mit dem Intellekt zuzuhören, auf diese Weise zu verstehen und dann zu denken: »Ja, so ist es!«

Aber das, worüber ich spreche, ist kein intellektuelles Konzept. Mir geht es nicht darum, dich von etwas zu überzeugen – auch wenn es vielleicht so klingen mag.

Worum es hier geht, kann nicht in Worte gefasst werden. Es macht für den Verstand keinen Sinn. Hier wird über das Mysterium dessen gesprochen, was ist.

Was ist, stellt solch ein unglaubliches Rätsel dar, dass du es niemals verstehen kannst. Die »Person« – oder der Geist – ist auf den intellektuellen Blick und ein mentales Erfassen ausgerichtet. Es erscheint dem Geist undenkbar, dass es hier nicht darum gehen könnte, etwas zu erlangen oder zu verstehen.

Alle mit dem Verstand verarbeiteten Informationen, die du dir in der Spiritualität angeeignet, all die Bücher, die du gelesen hast … sind es nicht.

Hier geht es nicht darum, eine anregende Diskussion zu führen oder die Non-Dualität gut darzustellen. Hier geht es nicht darum, dass etwas Sinn ergibt.

Es ist so schlicht und naheliegend, dass es für den Intellekt unmöglich zu verarbeiten ist.

Es kann zu einer Resonanz kommen, die jenseits der Worte geschieht, zu einem Erfassen jenseits des Intellekts, aber das hat nichts mit Gedanken oder einem Verstehen zu tun. Es ist nichts, was das »Ich« besitzen kann.

Was dies ist, wirkt äußerst verunsichernd auf den Verstand, der angestrengt darum kämpft, an etwas Halt zu finden – an irgendetwas. Ich weise auf das Wegfallen desjenigen hin, der sich festzuhalten versucht.

Die »Person«, das »Ich«, existiert in Zeit und Gedanken. Diese »Person«, dieses »Ich«, ist nicht, wer du bist. Die Zeit erscheint *im* Ganzen, aber das »Ich« ist kein Produkt der Zeit.

Was du bist – ohne das »Ich« – ist Lebendigkeit, ist Sein, ist das, was ist: *Nichts* und *Alles*.

Es geht nicht um ein »Ich« innerhalb der Zeit. Es geht um das Sein, das vor dem »Ich« existiert. Du, das zeitgebundene »Ich« – die Person – erscheint darin.

Lebendigkeit entsteht nicht wegen der Person, sie ist bereits hier. Sie ist die Unbewegtheit *und* die Bewegung.

Du musst das nicht verstehen. Es geht nicht darum, ob du es verstehst oder erlangst, ob du es siehst oder kennst.

Es ist das, was ist.

Autonomie und Entscheidung

Ab einem Alter von etwa zwei oder drei Jahren, manchmal auch schon früher, beginnen wir anzunehmen, wir seien getrennt von allem und jedem und würden unser individuelles Leben führen. Unsere Eltern und die Gesellschaft erzählen uns, wir müssten die richtigen Entscheidungen treffen und es läge in unserer Verantwortung, ein gutes Leben zu führen. Oft werden wir daran erinnert, dass wir einen Plan brauchen und wissen sollten, was wir sein oder tun wollen, wenn wir erwachsen sind. Die Vorstellung, eine Wahl zu haben und eine separate Persönlichkeit zu sein, verfestigt sich immer mehr.

Daran ist nichts falsch oder richtig, es ist einfach etwas, das die Evolution mit sich gebracht hat. Mit dem Glauben an Trennung erhebt sich jedoch das Leiden. Eine scheinbare Wahl zu haben, kann durchaus Freude machen, doch hauptsächlich bringt es Leid mit sich.

Leid kommt auf, wenn der Geist darauf fixiert und davon besessen ist, die »richtige« Entscheidung zu treffen, um sein Glück in der Zukunft zu sichern.

Nimm zum Beispiel die einfache Entscheidung, welchen Kuchen du in der Bäckerei kaufen wirst. Wenn du den falschen Kuchen wählst, werden daraus fünf Minuten mit einem richtig schlechten Kuchen resultieren.

Wenn wir dagegen an die größeren Entscheidungen denken – ein Haus, eine Partnerschaft, ein Kind, ein Hund oder die Karriere –, kann man sich vorstellen, welchen Druck der Glaube ausübt, die richtige Wahl treffen zu müssen.

Während dies im Inneren geschieht, geht es ebenso im Äußeren vor sich. Zum Beispiel, indem wir andere beschuldigen, die unserer Meinung nach falsch gewählt und sich dafür entschieden haben, »mich« zu verletzen.

Das Spiel von »meine Wahl/ihre Wahl« ist die Ursache für viel Leid; solche Ideen wie der Glaube, selbst eine separate Person zu sein, dass die anderen separate Personen sind und dass alle getrennt voneinander handeln und wählen – und dass dann entweder ich oder sie richtig oder falsch liegen.

Bei den meisten Streitigkeiten innerhalb der Familie, mit Partnern oder Freunden geht es um eine Wahl, um diese eine simple Idee, die sagt: »Ich bin getrennt von allem anderen und ich entscheide.«

Aber ist das wahr? Bist du sicher, dass du derjenige bist, der eine Wahl trifft? Bist du getrennt von allem und handelst und wählst unabhängig?

Denken wir an die Natur und stellen uns einen Baum vor, dann wissen wir, dass er sich nicht dazu entschließt, zu wachsen oder nicht zu wachsen. Wir sind zufrieden mit der Vorstellung, dass der Baum einfach wächst. Wir sind auch mit dem Wind zufrieden, wenn er weht. Er hat es sich nicht ausgesucht, zu wehen. Nur selten werden wir wütend auf den Wind.

Dasselbe gilt für Vögel, für Hunde und für die Tiere im Allgemeinen. Meist nehmen wir an, dass sie die Dinge nicht kontrollieren und eben tun, was sie tun – also denken wir nicht viel darüber nach. Aber der Mensch verbringt so viel Zeit damit, zu überlegen, wie er sich entscheiden wird und wie die anderen sich entscheiden werden.

Es ist offensichtlich, dass wir uns nicht aussuchen, wie der Körper funktioniert. So haben wir beispielsweise keine Wahl gehabt, wie wir aussehen werden, denn das bestimmen die Gene. Wenn wir unsere Talente betrachten, scheinen da noch eher Wahlmöglichkeiten zu bestehen, aber das meiste ist vererbt. Wir konnten weder über die Farbe unserer Haut entscheiden noch wie kräftig unsere Haare wachsen oder welches Geschlecht wir haben.

Aber wir glauben tatsächlich, dass wir über unser Handeln bestimmen? Dass wir unsere eigenen

Handlungen auswählen und separat von allem anderen existieren? Dass wir getrennt voneinander agieren und unser Verhalten vollkommen autonom wählen?

Ist das wahr?

»Meins« … »Ich« … »Ich bestimme frei in jedem Moment« – das sind Vorstellungen, die fast alle Menschen haben.

Lass uns beispielsweise annehmen, jemand hätte etwas Unhöfliches zu dir gesagt und dich angebrüllt. Dann gehst du vielleicht davon aus, dass diese Person eigenständig und unbeeinflusst von allem anderen gehandelt hat, und es kommen Gedanken auf, wie: »Das hätte er nicht tun sollen« … »Er hätte sich anders verhalten müssen« … »Was macht das jetzt mit mir?« … »Warum behandelt man mich so?« … »Warum ist das Leben so unfair zu mir?«

Möglicherweise kreisen die Gedanken anschließend stundenlang darum, die Person wegen dem anzuklagen, was sie hätte und nicht hätte tun sollen, anstatt zu denken, dass es ist, wie es ist, dass die Handlungen kommen und gehen, wie der Baum wächst oder der Vogel singt. All diese Geschichten verheddern sich in der Zeit, im Ich/Du, in der Trennung und im »freien Willen«.

Aber wie kann irgendetwas getrennt von allem anderen sein? Wie kann eine Handlung getrennt vom all dem sein, was vor ihr geschehen ist?

Wir nehmen an, dass wir in diesem Moment eine eigenständige Wahl haben und separate Wesen sind, die entscheiden. Wie kommt es, dass wir unsere Handlungen als etwas Getrenntes sehen?

Wo beginnt eine Wahl und wo endet sie? Begann die Wahl, als deine Eltern sich kennenlernten? Begann sie, als du heute Morgen mit schlechter Laune aufgestanden bist, oder damit, wie gut du dich in der Schule oder auf einem perfekt geplanten Karrierepfad entwickelt hast? War es, als du wegen des Verkehrs zu spät kamst oder dass du dir im Alter von zehn Jahren deinen Arm gebrochen hast? Begann deine Wahl damit, dass du nicht «nein» zu der ganzen Packung Kekse sagen konntest oder dass deine Eltern starben oder dass dir der Vogel auf den Kopf gemacht hat?

Wann begann es, dass du eine Wahl hattest? Wo fängt im Fluss der Dinge irgendetwas an und wo hört es auf – inklusive der Wahl? Ist der Baum von der Erde getrennt, vom Sonnenlicht und vom Wasser? Ist eine Entscheidung von ihrer Umwelt getrennt und von allem, was zuvor kam und möglicherweise in der Zukunft kommen wird?

Das ist es, was du glaubst ...

Du hast sicher schon Jahre damit verbracht, dich selbst und andere dafür anzuschuldigen, alles verdorben zu haben. Aber ich wette, du hattest keine Hemmungen, dir für das, was gut gelaufen ist, den Verdienst anrechnen zu lassen.

Ich ... Ich ... Ich. *Wer?*

All diese Sorgen um deine Entscheidungen – deine Karriere und was dein Partner tun mag oder was aus deinen Kindern werden soll – wurzeln in der Idee, du seist ein getrenntes Wesen und in deinem Handeln unabhängig.

Ich mache jetzt eine kühne Aussage, die viele Menschen bestimmt zurückweisen werden: Es gab nie ein unabhängiges Wesen, das irgendetwas gewählt hat. Es war alles eine absolute Lüge. Eine Fantasie. Eine Fantasie mit großen Höhen und großen Tiefen. Die Idee des »Ich« basierte auf einer Annahme in einer ausgedachten Sprache, die zum energetischen Ausdruck eines «Ich« in einem Körper geworden ist – getrennt von allen Dingen »da draußen«.

Dies ist die große Selbsttäuschung des Menschen: zu träumen, dass er getrennt sei. Es ist die Quelle aller psychischen Krankheiten, allen Unglücks und Leidens. Es gab nie ein »Ich« im Körper, das getrennt von allem war. Es existiert nur *eine* Energie, die sich selbst ausdrückt.

Häufig wird die Frage gestellt: »Warum ist das dem Menschen passiert?«

Eine große Rolle scheint dabei die Sprache zu spielen sowie die Tatsache, dass wir über ein Verständnis der Zeit verfügen.

Wir sehen Sprache als Wahrheit an, nicht nur als Schilderung dessen, was passiert, und wir glauben, dass unser Selbst sich durch diese Sprache erfassen lässt. Uns wurde beigebracht, unsere Natur sei etwas, das man durch Beschreibung ergründen kann, obwohl sie tatsächlich unergründlich ist.

Es mag etwas sonderbar klingen, wenn du dich zuvor noch nie mit diesem Thema beschäftigt hast, aber das Beschreiben erhebt sich tatsächlich *in* deiner wahren Natur. Dein wahres Sein existiert bereits *vor* der Beschreibung. Deshalb kannst du dich nicht selbst durch eine Beschreibung definieren – auch wenn wir überzeugt sind, es zu können. Doch was wir beschreiben, ist nur der Körper, der sich scheinbar durch Raum und Zeit bewegt. Das ist jedoch nicht, was du bist. Das ist der Irrtum.

Es gibt etwas, das vor deinem Körper da war und weiter da sein wird. Dafür spielt es keine Rolle, wie sich der Körper entwickelt, ob du dich für eine gute oder schlechte Person hältst oder ob du zwei Jahre oder 90 Jahre alt bist. Ja, es wäre sogar unerheblich, wenn du beispielsweise einen Hirnschaden erlitten hättest und sich deine Handlungen und Erscheinung dadurch drastisch ändern würden. Das Leben könnte jemanden, der einmal sehr freundlich war, in eine Person verwandeln, die stets griesgrämig ist – und doch hätte sich seine ursprüngliche lebendige Präsenz nie geändert.

Wir haben es alle schon erlebt, wie es sich anfühlt, wenn wir uns unseres Alters nicht bewusst sind. Das kommt daher, dass nur der Köper altert und nicht das ursprüngliche Sein. Deine Essenz ist nicht vom Körper abhängig. Der Körper erhebt sich *in* deiner Essenz – so, wie alles andere auch.

Sobald ich das Wort »Ich« verwende, magst du denken, dass ich etwas meine, das in der Zeit stattfindet.

Das, worauf ich mich beziehe, kennt keine Zeit. Es ist Stille. Es ist *Nichts* – und zugleich *Alles*.

Wenn sich die fixe Idee der freien Entscheidung aus der verkrampften Empfindung eines getrennten Selbst zu lösen beginnt, wird erkannt – von niemandem –, dass die Natur des Seins absolut frei, nicht an irgendetwas gebunden und trotzdem *Alles* ist.

Unsere Essenz war stets frei und Leiden war schon immer nur ein Traum, der nie wirklich geschehen ist.

Diese Botschaft soll auf das hinweisen, was tatsächlich geschieht – nicht auf etwas, von dem du denkst, es würde geschehen.

Ich versichere dir, dass die Gedanken dich weit in die Irre geführt haben. Die zwanghafte Idee der »freien Wahl« war ein riesengroßer Traum.

Welch ein Drama ...

Vergänglichkeit

Alles ist vergänglich. Das Lesen dieser Worte, das Licht, die Geräusche von draußen, die Bilder; all das befindet sich in einem kontinuierlichen Prozess des Verlöschens. Es erscheint und verschwindet.

Ganz ohne Logik und kompliziertes Denken kommt es aus dem *Nichts* und verschwindet zurück ins Nirgendwo. Es ist ein absolutes Mysterium.

Das Leben spielt sich in einem fortwährenden Zustand der Endlichkeit ab, in dem alles vergeht ... vergeht ... vergeht.

Und doch: Sobald du abermals auf die Dinge schaust, ist alles wieder frisch und nicht mehr so, wie du es zuvor gesehen hattest. Es ist stets vollkommen neu.

Der Mensch denkt in einer komplexen Weise, unter Einbeziehung der Zeit. Mit diesem Denken identifiziert er sich und geht davon aus, einen Körper zu besitzen – ein Körper zu sein –, den er kontrolliert und durch die Zeit bewegt.

In seinem komplizierten Denken träumt er, ein Wesen zu sein, das getrennt von den anderen Dingen existiert und andere Dinge erlangen kann. Das

bittersüße Drama wird am Laufen gehalten, weil es
so wirkt, als könne man alles bekommen: den Liebhaber ... das Geld ... die Flugreise ...

Wenn wir jedoch zurücktreten und es aus einer
erweiterten Perspektive betrachten, ist auch das dem
steten Verfall unterworfen.

Und der Mensch will es nicht wahrhaben.

Er will alles festhalten, was er so sehr liebt: die
Mutter, den Vater, die Kinder, den Partner, das
Haus und das Geld. Doch er kann es nicht. Alles
vergeht. Sobald es erschienen ist, beginnt schon die
Veränderung.

Alles ist *eine* Energie, alles ein Ausdruck der Leerheit.
Der Mensch wird niemals etwas von Bestand finden ...
niemals!

Das ist das Drama. Die Fähigkeit, kompliziert zu
denken, schafft ein bittersüßes Leben voller schwin-
delerregender Höhen und extremer Tiefen.

Gerade wenn du denkst, du hättest es verstanden
und es wäre wunderbar ... wird es – wie alles andere –
vergehen.

Alles, was du so sehr liebst, wird dich verlassen.
Das ist die Natur des Lebens: ständiger Wandel.

Doch das Leben währt ewig. Sobald eine Sache geht, taucht eine andere auf. Das ist absolute Liebe. Verlust ist Liebe.

Die Einfachheit des Seins

Wie lässt es sich am besten vermitteln? Auf welche Weise kann ich dir sagen oder darüber sprechen, dass es *Dies* ist, worum es geht und wonach stets gesucht wurde? Liebe Leute: *Dies* ist es! Und es wird niemals nicht *Dies* sein.

Die Persönlichkeit verbringt all ihre Zeit damit, etwas anderes zu wollen, an etwas anderes zu denken, etwas anderes zu erreichen oder etwas anderes zu tun – und es gelingt ihr nicht.

Dies ist, was geschieht – und so ist es in Ordnung.

Dies ist genug. Du brauchst die ganzen schicken Sachen nicht, die du zu brauchen glaubst.

Es gibt nichts daran auszusetzen, sich zu schicken Sachen hingezogen zu fühlen, jedoch geht es nicht darum, sie letztendlich zu haben – sondern um den Weg dorthin.

Wenn auf ein Haus hingearbeitet wird, geht es um das tatsächliche Daraufhinarbeiten – nicht um das Besitzen. Es geht immer um das, was geschieht.

Der Geist spielt solche Spiele wie: »Nein, das andere dort ist schöner!« »Warum passiert das?« »Ich will das nicht.« »Ich sollte etwas Besseres haben.« »Dieser Job ist unter meiner Würde.« »Es wird doch wohl nicht am Geldmangel scheitern.«

Das alles spielt sich in Gedanken und in einer erfundenen Realität ab.

All diese Probleme tauchen mit der Vorstellung auf, du wärst ein einzelner »Jemand« in einem Körper. Ohne diese Idee könnten die Probleme nicht entstehen. Die Vorstellung, du würdest unabhängig von allem anderen agieren, ist nicht die Wahrheit.

Du magst dich fragen: »Wer ist es denn, zu dem Lisa spricht? Warum sagt sie das alles? Zu wem sagt sie das?«

Das Ganze fängt dann schnell an, ziemlich sonderbar zu wirken, aber ich kann es nicht für dich beantworten.

Hier geht es um die Rückkehr zur Einfachheit des Seins – obwohl sie niemals wirklich verlassen wurde. Nur Sein. Das Sein, die Lebendigkeit, die immer hier ist, sich nie verändert, nie von irgendetwas getrennt war und niemals gelitten hat.

Da war ein Traum vom Leiden und von jemandem, der dein Leben ruiniert hat – oder deine Beziehung.

Da war ein Traum, andere zu verletzen und selbst verletzt zu werden, falsch zu handeln oder richtig zu handeln.

Davon handeln die Träume und aus irgendeinem Grund weist der Lisa-Körper darauf hin, dass sie nicht die Wahrheit sind.

Es gab nie ein Nach-Hause-Kommen, weil immer dieses Sein da war, das all die unterschiedlichen Dinge träumte und spielte. Wie das Licht eines Films, das den Film projiziert. Der ganze Film besteht aus Licht und im Film geschieht das Drama, aber es berührt das Licht nicht und dennoch *ist* es das Licht. Das Licht leidet nicht und doch spielt es Leiden.

Was geschehen kann, ist, dass die verdichtete persönliche Energie der Figur im Film sich zurück in das Licht ausdehnt. Trotzdem setzt sich die Handlung fort und die Körper tun weiterhin die gleichen Dinge. Jedoch sind sie nicht länger mit den Figuren identifiziert, die im Film erscheinen.

Es kann zum Zusammenbruch des Traums kommen, in dem du dich vom Licht getrennt glaubtest.

Lebendigkeit, das ursprüngliche Ich, das große Ich, Sein, Bewusstsein, Licht – wie immer du es nennen magst – ist *frei*. Es ist grenzenlos und nicht auf den Körper beschränkt. Es ist nicht innen und nicht außen. Es kann nicht gefunden werden und doch ist es alles. »Ich« ist überall. Es spielt dieses verrückte Spiel, zu träumen, es befände sich in einem Körper und stünde in Beziehung zu anderen »Ichs« in anderen Körpern.

Es gibt etwas, das so immens und grenzenlos ist ...

Ich spreche davon, was bleibt, wenn diese Energie – dieses angespannte, verdichtete Selbst – zusammenbricht.

Ich weiß nicht, warum es zusammenbricht, und genauso wenig weiß ich, wieso es überhaupt begann. Es fällt weg und die Illusion deiner Trennung stirbt. Und damit stirbt auch das Leiden.

Letzten Endes wird dieser Zusammenbruch beim physischen Tod eintreten, aber er kann anscheinend ebenso geschehen, während der Körper noch lebt; der Tod der Energie, die beansprucht, etwas Bestimmtes – im Gegensatz zu etwas anderem – zu sein.

Danach agiert die Persönlichkeit weiter, mitsamt den individuellen Eigenschaften des Körpers. Doch derjenige, der das als »Ich« betrachtet hatte, ist verschwunden und die Person stellt lediglich ein weiteres

Ding dar, das sich im Sein erhebt. Sie ist nicht länger ein »Ich«, sondern ein Teil dessen, was ist.

Schlimme Erlebnisse

In der Moral kann man keine Freiheit finden. In Sorgen kann man keine Freiheit finden. Man kann auch keine Freiheit finden, indem man versucht, ein Helfer zu sein.

Der Tagtraum, dass all diese Dinge dein Leben verbessern würden, ist eine Lüge.

Der Körper mag Menschen oder Tiere retten und der Körper mag Pläne schmieden, aber die Vorstellung, das würde dich »besser« machen, ist eine Lüge.

Die Freiheit liegt in dem, was gerade geschieht.

Die meisten Menschen haben bereits schlimme Dinge erlebt. Das Vergewaltigungsopfer möchte glauben, seine Geschichte sei die Schlimmste, aber die Mehrheit der Leute, denen ich begegnet bin, hatte schon mal üble Erlebnisse und oftmals wollen sie mir davon berichten.

Das Leben besteht aus Freude und Schmerz.

Die meisten haben Tragödien, Traumata und Beschwerden erfahren und ich behaupte, die Freiheit ist genau hier und genau jetzt – sie wird nicht innerhalb der Zeit gefunden.

Das Leben ist so chaotisch und brutal und schrecklich und wunderbar und göttlich und schön.

Liebe ist das Ende desjenigen, der versucht, aus all dem herauszukommen.

Es ist so verrückt, dass die Freiheit *in* der Vergewaltigung liegt, nicht darin, ihr auszuweichen. Das heißt nicht, dass der Körper nicht kämpfen würde – das meine ich nicht. Es geht um das Ende der Energie des Suchens.

Die Freiheit liegt *im* Moment der Vergewaltigung und Brutalität. Ich verneine damit nicht, dass es entsetzlich und schrecklich ist. Es ist blutig und schmerzhaft und roh, aber die Freiheit liegt in der Empfindung, nicht im Versuch, sich in eine Fantasie zu flüchten. Es wird nicht geleugnet, dass der Körper kämpft wie der Teufel – höchstwahrscheinlich wird er das tun.

Genau *hier* liegt die absolute Freiheit – immer! Sogar in Tod, Brutalität, Mord und Vergewaltigung.

Das ist es, worauf in dieser radikalen und wunderbaren Botschaft hingewiesen wird.

Du musst nicht reich sein, du musst kein privilegiertes Leben führen, du brauchst keinen guten, schlechten, erfolgreichen oder erfolglosen Hintergrund, um dies hören zu können. Du musst nicht klug, edel oder böse sein. Die Freiheit ist genau hier.

Die Tiere künden davon. Schau hin!

Tiere durchleben, körperlich gesehen, eine harte Existenz, aber die Menschen haben es viel schwerer, weil sie träumen, es würde *ihnen* geschehen und sie seien ein »Jemand« innerhalb der Zeit.

Höchstwahrscheinlich wurde jedes Mal, wenn du etwas isst, ein Tier gequält.

Lasst uns ehrlich sein: Meistens, wenn Menschen Fleisch essen, geht es darum, dass es billig ist, nicht um Fairness. Tiere haben es physisch schwer, doch wenn du sie beobachtest, ist da absolute Freiheit. Schmerz geschieht, aber nicht diese Energie, die versucht, herauszukommen. Der Körper mag darum kämpfen, zu flüchten, aber da sind nicht diese Fantasien innerhalb der Zeit, die sagen: »Das sollte mir nicht passieren! Warum geschieht mir das? Werden sie mich umbringen? Was werde ich meinen Eltern oder meinem Partner sagen?«

Das Ganze ist so brutal und grotesk, dass es von einem weißen Mädchen, das nett hergerichtet ist, ausgesprochen werden muss. Möglicherweise würde ein Mann nicht damit durchkommen, diese Botschaft zu überbringen – sie hört sich viel zu furchtbar an.

Das ist die Schönheit der Non-Dualität: In den

schrecklichsten Situationen kann ein Wegweiser sein und diese Freiheit kann gesehen werden.

Sie ist überall, in allem. Sie ist göttlich und wird dich nie verlassen. Alles andere kommt und geht, aber diese Lebendigkeit, diese Ruhe und Bewegung, diese Stille und dieser Klang – sind frei. Die Lebendigkeit, das Sein, ist immer hier. Ob das Flugzeug verunglückt oder das Kind missbraucht wird – es ist immer hier.

Die Botschaft, die aus diesem Mund kommt, weigert sich, dich davonkommen zu lassen, indem sie dir falsche Hoffnungen macht oder dir eine Geschichte vom Frieden im Fluss des Lebens erzählt. So etwas, wie: »Wenn du dieser Sache hier folgst, dieser Non-Dualität, dann werden wir in der Zukunft eine friedlichere Welt vorfinden. Diese Botschaft wird eine harmonische Gesellschaft schaffen.«

Vergesst es! Hitler hat das auch behauptet. Die Politiker und religiösen Führer behaupten es.

Die meisten Lehren der Non-Dualität sagen, dass es eine friedlichere Zukunft hervorbringen wird, wenn du ihren Worten folgst. Ich werde dir diese Geschichte nicht erzählen, um es dir erträglicher zu machen. Wir kennen die Zukunft nicht. Wir kennen nur *Dies*.

Und hier ist die Freiheit, und sie ist *Nichts* und *Alles*. Wenn du jemanden suchst, der dir ein blühendes Land, eine bessere Zukunft, eine friedfertigere Erde verspricht, dann geh zu den Politikern, geh zu Hitler. Hitler hat eine viel bessere zukünftige Welt versprochen. Geht und folgt euren Premierministern, den politischen Führern oder den spirituellen Führern, die beteuern: »Diese Bewegung, diese Botschaft, wird eine Welt des Friedens schaffen.«

Ich weiß nicht ...

Es mag sein, dass diese Botschaft eine dienlichere Welt hervorbringt, aber das ist nicht die Freiheit. Vom Weltfrieden zu träumen, ist nicht die Freiheit. Freiheit ist der Zusammenbruch des Traums. Und dann ist es *Dies*, was ist. *Dies* heißt, zum Leben zurückzukehren und zu dem, was tatsächlich geschieht, statt durch einen vernebelten, fernen, verträumten Schleier zu blicken.

Diese Botschaft kann heftige Reaktionen hervorrufen – oft tut sie das. Es liegt daran, dass die Leute Angst bekommen – was verständlich ist. Da mag das Bedürfnis sein, die Dinge zu kontrollieren oder an der Idee einer friedfertigeren Welt festzuhalten.

Was aber tatsächlich vor sich geht, ist: »Ich bin verängstigt und halte es nicht aus, keine Kontrolle zu besitzen. Ich ertrage es nicht, auf die Hoffnung zu verzichten, dass ich es in der Hand habe, das Morgen zu verbessern.«

Es ist nicht kontrollierbar. Es ist absolut wild. Der physische Tod des Körpers kann jeden Augenblick eintreten. Genau jetzt, genau hier, *ist* dies auf gewisse Weise der absolute Tod. Genau hier geschieht zum einen nichts und zum anderen geschieht alles.

In der Geschichte des Lisa-Traums war Lisa süchtig danach, Gutes zu tun, mitfühlend zu sein und die Welt zu retten. Im Prinzip hatte Lisa einen Riesenhorror vor Gewalt. Das war im Grunde alles, was da war. Es tut mir leid, das sagen zu müssen. »Eine friedliche Zukunft« ist solch eine romantische Idee – eine Idee, die auf Angst basiert.

Dies ist die Stille, aus der sich die Worte erheben. *Dies* ist die Leere, in der alles entsteht und ist.

Wenn du weiter träumen möchtest, dass diese Botschaft falsch sein könnte, ist das in Ordnung, aber keine Botschaft ist richtig. Du wirst keine »richtige«

Botschaft finden. Du wirst nicht einmal eine falsche finden. Beides kommt aus dem Verstand.

Hier geht es um das Wegfallen der Energie, die von Kontrolle träumt, und das kann niemals positiv ausgedrückt werden.

Was Befreiung bedeutet

Was meinst du, was Befreiung bedeutet?
Die meisten denken, es handele sich um eine Erfahrung von Freude oder um eine Art himmlischen Zustand. Oder es ginge darum, Schmerzen zu beseitigen oder belohnt zu werden.

Was Befreiung tatsächlich ist: der absolute Tod.

Es wird keine Belohnung geben. Es bleibt nur das, was ist – was geschieht. Es wird kein »Ich« mehr existieren, das sich über seine Befreiung freuen könnte. Genau diese Erwartung wird verschwunden sein. Es wird auch nichts mehr geben, nach dem du suchen könntest, um ganz, um vollständig, um komplett zu werden.

Mit dem Spiel, nach Vollendung zu suchen, verbringt die Persönlichkeit oder das »Ich« die meiste Zeit: sämtliche spirituelle Bücher zu lesen oder Kinder aufzuziehen oder Reisen zu planen. All das verschwindet.
Es bedeutet nicht, dass man nichts mehr täte. Nur gibt es kein Verlangen mehr nach etwas anderem als nach dem, was geschieht. Da ist niemand mehr, der etwas vermisst.

Es werden weiterhin Gedanken auftauchen und der Körper-Geist-Mechanismus wird sich auch weiter zu angenehmen Erfahrungen hingezogen fühlen. Aber all das erscheint im Grenzenlosen. Es geschieht nicht mehr *für* irgendwen.

Diese Persönlichkeit, die in Mexiko oder England oder Afrika aufgewachsen ist, wird das alles nicht mehr erleben. Nur was ist, wird bleiben.

Wenn das »Ich« dies alles verstehen könnte, würde es davor zurückschrecken. Weil es sein Tod ist. Der Tod desjenigen, der sich in die Suche nach Liebe verliebt hat. Denn dieser scheinbare »Jemand«, der sich nach Liebe sehnt, ist in Wahrheit verliebt in das Versteckspiel.

Du magst dies lesen und denken: »Nein, darin bin ich nicht verliebt. Sie weiß nicht, wovon sie redet!«

Aber ich versichere dir: Das »Ich« ist genau darin verliebt und sauer, wenn es nicht bekommt, was es will. Stocksauer. Das »Nicht-Finden« ist ein essenzieller Teil des Versteckspiels.

Hast du schon erlebt, dass du anfängst, das Interesse zu verlieren, nachdem du mit jemandem eine Beziehung eingegangen bist? Das «Ich« liebt die Jagd. Wenn du den anderen erobert hast, willst du ihn nicht mehr.

So ist es mit allem. Wenn du es hast, verliert es seinen Reiz. Und das Nächste ist an der Reihe.

Manchmal erstrecken sich Beziehungen über Jahre und du hast nie das Gefühl, den anderen wirklich zu haben. Du versuchst immer weiter, ihm zu imponieren und ihn zu erobern.

Dieses Spiel endet hier.

Es war spannend, es war vergnüglich, aber gleichzeitig war es auch vergeblich. Diese Person, die vor 20, 30 oder 40 Jahren geboren wurde, die zur Schule gegangen ist, all diese Erlebnisse hatte, die um die Welt gereist ist und jede Menge Lehrer getroffen hat, wird keine Befreiung erfahren.

Diese Person stirbt. Und danach noch über den Körper oder die Persönlichkeit zu reden, geschieht nur aus praktischen Gründen oder zum Spaß oder aus einem sozialen Anlass heraus. Da ist kein »Ich« mehr, das sich mit den Beschreibungen seiner selbst identifiziert und durch diesen Schleier hindurch sein Leben lebt. Es bleibt nur das, was geschieht.

Dein »Ich« hört das und verlangt danach. Doch es verlangt nicht wirklich danach. Was es sich tatsächlich wünscht, ist, die Suche fortzusetzen. Es will nicht, dass sie endet. Es will suchen, suchen und noch mehr suchen. Es will hart an sich arbeiten, die Welt bereisen, sich weiterentwickeln und in der Zukunft ankommen.

Was bleibt übrig, wenn diese Person stirbt?

Was ist!

Das Trinken des Tees, das Licht, die Geräusche, die Gerüche.

Die Befreiung macht aus dem Körper keinen perfekten Körper, keinen Helden und nichts Besonderes. Befreiung ist nur die Abwesenheit dessen, was ich Leiden nennen würde.

Was ist, ist absolute Leerheit und Fülle gleichzeitig. Eine gewaltige, stille Leere. Nicht einsam, aber allein.

Das »Ich« erfasst diese Leere nicht. Wenn das »Ich« zusammenbricht, entsteht absolutes »All-ein-Sein«. Niemand bleibt übrig.

Wenn es dich nicht gibt, gibt es auch keine anderen.

Willst du das wirklich? Du wirst nur das bekommen, was du willst.

Was wird ein Körper tun, wenn er nicht mehr nach Befreiung sucht?

Er wird glücklich sein.

Es wird keine Suche mehr geben, weil das Zuhause niemals verlassen wird.

Das ist es!

Es geschieht absichtslos und führt nirgendwohin. Formen erscheinen und verschwinden ohne jeden Grund. Du wirst kein Wissen erlangen, keinen Sinn erfahren, keine Ursache erkennen und keinen Platz im Himmel erhalten. All das wird zusammenbrechen und nur was ist, wird bleiben.

Es geht um das Verlieren – nicht um ein Bekommen oder Werden.

Unpersönliche Liebe

Alles ist Liebe. Sogar die persönliche Liebe selbst, die denkt und wünscht und hofft und sich danach sehnt, geliebt zu werden, ist Liebe.

Das Rülpsen und der Geschmack des Abendessens sind Liebe. Alles ist Liebe, doch Liebe ist stets in Veränderung begriffen.

Die meisten assoziieren Liebe mit dem himmlischen Vergnügen, sich in eine andere Person zu verlieben. Diese persönliche Liebe kann großes Kino mit sich bringen – so etwas wie Hand in Hand dem Sonnenuntergang entgegenzulaufen und sich dann am Strand zu lieben. Es ist eine riesige Freude, die meistens mit einem Gefühl in der Herzgegend in Verbindung gebracht wird.

Das meine ich nicht, wenn ich von Liebe spreche.

Es gibt zwei Arten der Liebe: die persönliche Liebe der Beziehungen und die unpersönliche Liebe.

Persönliche Liebe ist es, wenn Liebe von zwei Körper-Geist-Mechanismen personalisiert wird: Zwei Träume der Verliebtheit, die zusammenkommen und sich festlegen, für die nächsten dreißig Jahre zusammenzubleiben und sich zu unterstützen.

Diese Art der Liebe beruht auf Bedingungen. Zwei Menschen brauchen etwas, fordern es ein und nehmen den anderen in einer zeitgebundenen Realität wahr. Solche Liebe kann eine Menge an Leiden und eine Menge an Hochgefühl mit sich bringen.

Eine Menge an Leiden, weil alles darauf basiert, dass sich in diesem anderen Körper ein separates Wesen mit freiem Willen und Entscheidungskraft befindet. Und mit der Fähigkeit, das Hochgefühl der Liebe zu geben.

Falls der andere mir diese Liebe nicht gibt, kränkt mich das und ich hasse ihn.

Sollte er mir die Liebe entziehen, liegt es daran, dass ich das Geschirr nicht gespült habe oder dass ich anderen Frauen oder Männern hinterherschaue.

Solche Liebe bringt Streitereien und Zornesausbrüche mit sich, bei denen es darum geht, dass der andere sich entschieden hat, mir etwas anzutun, mich zu verletzen oder zu enttäuschen.

Fragen wie: »Warum gibst du mir nicht, was ich brauche?« tauchen in dieser Art von Liebe häufig auf. Es ist ein Leben im Land der Illusionen.

Unpersönliche Liebe ist eine Beziehung ohne Beziehung. Zwei Körper-Geist-Mechanismen sind zusammen, aber sie sind, kurz gesagt, nur zusammen.

Sich zu küssen und sich lieben zu können, geschieht, aber sie küssen sich nicht innerhalb der Zeit. Sie sind nur zusammen – in dem, was ist. Sie mögen vielleicht sogar zehn Jahre miteinander verbringen, mit Küssen und Berührungen, aber sie sind immer hier und gegenwärtig.

In dieser Art von Beziehung geht es nie um zwei Menschen, die getrennte Wesen sind, sich verliebt haben und entscheiden können, zusammen zu sein.

Was willst du wirklich?

Wahrscheinlich wünschst du dir eine Art Anleitung, die dich in eine dauernde Behaglichkeit führt. Du suchst ein angenehmeres Leben, mehr positive als negative Gefühle, weniger Ärger und Konflikte mit anderen. Höchstwahrscheinlich ist es das, wonach du strebst, und daran ist nichts verkehrt – nur ist es leider unmöglich.

Jeder Körper ist an seine spezielle Geschichte gebunden, an seine Gene und Konditionierungen, an ein bestimmtes Leben und bestimmte Umstände.

In gewisser Weise ist der Körper ein Gefängnis und hat das auszuleben, was er ist. Wie auch immer es sich im Einzelnen gestalten mag, es geschieht einfach von Moment zu Moment und im Inneren dieses Körpers befindet sich kein »Jemand«, der die Kontrolle darüber hätte.

Einige Körper haben vielleicht mehr Spaß, Geld, Erfolg und Menschen, von denen sie bewundert werden, während andere Körper eine von Armut, Krankheit und Schmerzen geprägte Existenz durchleiden, die sich um den Kampf ums Überleben dreht.
Einige Körper-Geist-Systeme mögen ein angenehmes

äußeres Leben, aber große Probleme aufgrund ihrer Konditionierungen haben, während manch andere furchtbare Lebensumstände erfahren, jedoch von Konditionierungen weitgehend unbelastet bleiben.

Viele spirituelle Lehren betonen die Möglichkeit, deine Lebensumstände zu ändern und zu verbessern, indem du dich von deinen Konditionierungen befreist. Oder sie sagen, dass du mit dem Leben fließen und es durch Handeln in eine andere Richtung lenken sollst.

Aber davon spreche ich nicht.

Wovon ich spreche, ist die Abwesenheit des Selbst.

Es geht nicht um ein dauerndes Wohlbehagen oder überhaupt um einen bleibenden Zustand. Es geht um die Abwesenheit dieser Lüge. Wenn die Lüge verschwindet, ist das Leben so, wie es ist, und nicht länger ein Kampf, den ein »Jemand« führt.

Es mag zu schwierigen Situationen kommen, es mag zu erfreulichen Situationen kommen, doch es wird niemanden mehr geben, der sich in diesem Körper befindet. Das Leben wird seinen Gang gehen und die Persönlichkeit wird auftauchen, wenn sie gebraucht wird, aber das Leben wird nicht mehr länger durch die Persönlichkeit hindurch gelebt.

Wenn du wüsstest, wovon ich rede, würdest du es nicht wollen.

Was du willst, auch wenn es unbewusst bleiben mag, ist ein angenehmeres Leben.

Du würdest dir nicht das Ende deiner selbst wünschen.

Es ist überhaupt nicht so, wie du es dir vorstellst.

Hier geht es um das totale Leben – ohne jeden Fluchtweg. Das »Ich« weicht ständig aus, träumt vor sich hin, erfindet »bessere« Geschichten oder deutet die Geschichten um, damit sie besser klingen.

Hier geht es um die Abwesenheit der Person, um die Abwesenheit des «Vermittlers».

Es ist die totale Berührung der Dinge, die totale Kälte oder Hitze oder Glückseligkeit oder Trauer. Es ist die totale Erfahrung – ohne jede Barriere.

Der Unterschied ist, dass es niemanden mehr gibt, der auf alles Einfluss nehmen will, um glücklich zu werden – niemanden mehr, der eine bestimmte Erfahrung benötigt.

Es ist die absolute Freiheit, aber nicht auf irgendeine Weise, die du dir vorstellen kannst.

Du wirst nicht plötzlich etwas durchschauen, etwas erlangen, und dann in der Lage sein, anderen Menschen davon zu berichten. Du verlierst alles. Du bist nicht auf einmal besser als alle anderen, weil du erleuchtet bist, denn dich gibt es nicht mehr. »Du« bist nicht besser und nicht schlechter.

Du wirst kein Interesse mehr daran haben, die Welt zu retten. Du lebst nicht länger in einer Idee von »Wie es sein sollte ...«.

Das schließt nicht aus, dass dein Körper reagiert und hilft, wenn Menschen Hilfe brauchen. Aber dein Leben spielt sich nicht länger in Vorstellungen ab.

Es heißt auch nicht, dass du nichts mehr für wohltätige Zwecke tun würdest, doch du tust es nicht »um die Welt zu retten«.

Höchstwahrscheinlich wirst du meine Worte für dich umdeuten, um sie erträglicher zu machen – besonders den Teil, wo es um die Rettung der Welt geht.

Mein Körper-Geist-System ist solch eine Nervensäge! Es liebt es, die Dinge schonungslos auszudrücken. Es will den unangenehmen Dingen nicht ausweichen oder sie nett formulieren.

Eins-Sein

Alles, was jemals über die Non-Dualität gesagt wurde, ist nicht das, was tatsächlich ist. Jeder Redner, den du bewunderst, jeder Lehrer, zu dem du aufschaust, alle, die über Non-Dualität sprechen, sprechen nicht wirklich über Non-Dualität, denn sie bedienen sich einer Sprache, die dual ist.

Über Non-Dualität kannst du niemals etwas sagen, weil nichts irgendetwas bedeutet. Jedes Wort, das jemals erfunden wurde, ist ein Ton, dem Menschen eine Bedeutung verliehen haben, und sie gehen davon aus, dass sie damit tatsächlich über etwas kommunizieren.

All das ist bedeutungslos und nichts davon ergibt irgendeinen Sinn. Das Wort »Computer« ist nicht wirklich ein Kasten, der vor sich hin summt. »Lisa schreibt und ich lese« – das bedeutet gar nichts. Alles ist nur eine Interpretation, damit wir uns verständigen können. Daran ist nichts richtig oder falsch.

Für Menschen sind Kommunikation und Worte wichtiger oder realer geworden als das, was tatsächlich geschieht. Worte funktionieren in Gegensätzen, in Dualität, in der stets ein Vergleich enthalten ist.

Um Licht zu kennen, muss es Dunkelheit geben; um »Ich« zu kennen, muss es ein »Du« geben. Worte werden immer in Dualität erscheinen, aber dies ist keine dualistische Welt! Dies ist *eine* Energie, die sich schöpferisch offenbart.

Wenn die aus Begriffen zusammengefügte Realität zu zerfallen beginnt – gemeinsam mit demjenigen, der sich auf sie beruft – dann bleibt das, was ist. Das, was nicht »zwei« ist.

Das Eins-Sein kannst du niemals direkt sehen und doch ist es das, was ist. Um das Eins-Sein sehen zu können, müsste es ein Außen geben, doch es gibt kein Außen oder Innen – es gibt nur *Alles*.

Unglaublich spannend, oder?

Die Empfindung von Mangel

Der Denkende wird in das Spiel der Gegensätze hineingezogen: gut/schlecht, richtig/falsch, sollte und sollte nicht. Die Existenz dieser trennenden Energie basiert auf der Befürchtung, nicht gut genug zu sein. Wenn irgendetwas im Fluss des Lebens dieses Empfinden auslöst, beginnt die Energie in das Land der Geschichten abzudriften, um dem Gefühl zu entkommen.

»Das hätte er nicht tun sollen, er muss ein schlechter Mensch sein, um so etwas zu mir zu sagen.« Mit solchen Geschichten wird es vermieden, die Minderwertigkeit intensiv zu spüren. Es geht immer um das Gefühl, nichts wert zu sein, darum, nicht gut genug zu sein oder zurückgewiesen zu werden.

Diese Empfindung von Mangel bringt Trennung hervor, die sich dann Geschichten zuwendet, um den Mangel zuzudecken. Normalerweise begibt sich das »Ich« in eine spezifische Geschichte und sagt: »Es war wirklich böse von mir, das zu tun« (Schuld), oder: »Es ist ihre Schuld, sie hätte das nicht tun dürfen« (Vorwurf).

Über den Tag hinweg geschieht so vieles, was das Gefühl von »nicht gut genug« auslösen kann, und es wird jede Menge Zeit damit verbracht, aus dem »nicht gut genug« herauszufinden, statt das brennende Gefühl zu spüren.

Wenn es da nur das brennende Gefühl von »nicht gut genug« gäbe, würde es zweifellos einfach in sich zusammenfallen. Aber die Geschichten tauchen auf und mit ihnen die Suche nach dem Vergnügen, um den Schmerz zu vermeiden. Die Idee ist, sich durch das Vergnügen »gut genug« zu fühlen, sodass alles wieder in Ordnung kommt.

Es ist ein verrücktes Drama und ohne Zweifel gibt es reichlich davon, besonders im Zusammenhang mit Beziehungen oder Geld. Das sind die großen Dramen.

Die Auslöser des »nicht gut genug« unterscheiden sich bei jedem Geist-Körper-Mechanismus oder jedem »Ich« entsprechend seinen Konditionierungen und seiner Genetik.

Es mag sich so anfühlen, als befände sich der Kern deines Seins im Kopf oder im Hals oder in der Brust oder im Unterleib, als wäre dort ein »Jemand«, ein »Ich«. Es mag sich anfühlen, als wärst du der Denker, der Schöpfer und die bewegende Kraft des Körpers, aber tatsächlich gibt es dort drinnen niemanden.

Niemanden, der Gedanken hervorbringt, der handelt oder dafür sorgt, dass dein Herz schlägt. Niemanden dort drinnen, der die Augen sehend und die Ohren hörend macht, der Bedürfnisse produziert oder Entscheidungen oder Eingebungen.

Alles kommt aus dem Nirgendwo, aus der Leere, aus dem *Nichts*. Dieses *Nichts* ist alles, was jemals geschehen ist, und alles, was jemals geschehen wird – und gleichzeitig ist es *Nichts*.

Du bist nicht der Körper

Was du zu sein glaubst, ist nicht wahr. Ob du denkst, du wärst ein guter Mensch oder ein schlechter Mensch, eine Person, die recht hat oder die im Unrecht ist – all das ist nicht wahr. Man mag etwas über den Körper sagen können, dass er etwas Böses oder etwas Gutes getan hätte, aber nichts davon ist die Wahrheit.

Sprache funktioniert allein durch Vergleiche, es gibt also nichts als Vergleiche, und somit kann Sprache nicht die Wahrheit abbilden. Wir identifizieren uns mit einer Beschreibung des Körpers, obwohl diese Beschreibung lediglich etwas ist, das wir verwenden, um miteinander zu kommunizieren.

Etwas »Böses« zu tun, etwas »zu versäumen« oder eine »friedfertige« Person zu sein, ist keine absolute Wahrheit. Selbst wenn du im Vergleich mit dem Dalai Lama als friedfertige Person gelten könntest, würdest du letztlich herausfinden, dass du es nicht bist.

Keine Sprache drückt die Wahrheit aus, aber trotzdem verbringen wir die meiste Zeit in einer mentalen Realität – in einer Idee von uns selbst.

Dieser Irrtum, zu glauben, du wärst ein »Jemand« in einem Körper und eine Beschreibung dieses Körpers, ist zu einer energetischen Erfahrung geworden. Es fühlt sich tatsächlich so an, als befändest du dich in einem Körper, den du steuern und dessen Erleben du als real ansehen könntest. So, als wärst du jemand, der eigenständig durch das Leben und die Zeit spaziert. Du denkst, du wärst vergangenes Handeln und zukünftiges Handeln – die Dinge, die du getan hast und die du noch tun wirst.

Es fühlt sich so an, als entspränge das Denken und Handeln aus dem Körper, aber tatsächlich ist der Körper leer – absolut leer.

Die Leere wird permanent durch die Vorstellung überdeckt, ein »Jemand« innerhalb der Zeit zu sein. Diese Vorstellung sorgt dafür, dass das, was ist, was tatsächlich geschieht, wie durch eine Linse oder einen Schleier betrachtet wird. Es ist dieses »Ich«, das alles, was geschieht, durch seine vergangenen und zukünftigen Erfahrungen hindurch interpretiert. Was ist, wird dann nicht gesehen, wie es ist, sondern durch den Film oder Schleier des »Ich«.

Du bist nicht der Körper und du bist nicht die Geschichte. Körper und Geschichte steigen in dem auf, was ist.

Wenn du das hier liest, wird es vielleicht den Fokus auf das »Ich, Ich, Ich« in der Zeit und die energetische Verdichtung eines »Ich« in einem Land der Geschichten zu lösen beginnen. Doch in gewisser Weise wird nichts irgendetwas lösen oder nicht lösen, denn tatsächlich geschieht nicht einmal irgendetwas.

Das Hier übersehen

Dies ist die simpelste Sache überhaupt, aber weil sie so einfach ist, wird sie ständig übersehen. Das »Ich«, die Person, bedient sich der Gedanken und Ideen, um zu beschreiben, was sich innerhalb der Zeit zuträgt.

Weil darauf ihr Fokus liegt, verpasst sie das, was tatsächlich geschieht, nämlich die Freiheit, die genau hier ist, die Stille, die genau hier ist. Stets richtet sich die Person danach, was die Gedanken sagen: »Freiheit kommt, wenn der Körper seinen Zorn überwindet oder wenn der Körper sich glücklich fühlt oder wenn dieses und jenes passiert.«

Solche Gedanken kommen der Person wie Tatsachen vor und anscheinend ist es unmöglich, zu verstehen, dass es sich lediglich um Gedanken handelt, die *in* etwas auftauchen und wieder verschwinden.

Freiheit ist das, *worin* sie auftauchen und verschwinden, nicht, was sie gerade sagen oder denken. Eigentlich ist es so einfach, doch sehr schwierig für denjenigen, der sich an Dingen orientiert, nach Verstehen und Wissen sucht oder nach einem Weg, es zu beschreiben. Denn darum geht es nicht. Es geht um das, was ist – was sich nicht beschreiben lässt.

Die Gedanken werden mich betrachten, während ich in Stille bin, und denken, es ginge darum, dass sie still sind. Oder sie werden Lisa sehen, die in Bewegung ist, und denken, es ginge um die Bewegung. Du magst sogar glauben, es ginge darum, mir in die Augen zu schauen, aber das alles sind nur Gedanken, die kommen und gehen. Diese Gedanken sagen nicht die Wahrheit.

Wenn du versuchst, den Geschmack einer Wassermelone zu beschreiben, schaffst du das tatsächlich? Nein!

Die Person bemüht sich ständig, allem Bedeutsamkeit zu verleihen, aber nichts hat Bedeutung. Alles ist bedeutungslos. Alles tritt ohne Bedeutung in Erscheinung.

Bedeutung erscheint in dem, was ist, und verschwindet in dem, was ist.

Jetzt taucht vielleicht gerade der Gedanke auf: »Ja, das ist es!«
Aber das ist nur ein Gedanke ...

Frieden

Liebe ist das, was ist. Ich kann Liebe nicht als »unsere« oder »deine« sehen, denn das wäre eine Liebe unter Bedingungen. Bei der bedingten Liebe geht es darum, etwas zu bekommen oder um den Versuch, jemandem diese Liebe zu geben.

Liebe ist, was ist. Liebe ist die Essenz von allem.

Das schließt es nicht aus, einem Hund zu helfen oder ihn aus Thailand zu retten – ich habe gerade einen Hund aus Thailand gerettet. Es schließt nicht aus, dass sich solche Dinge ereignen, doch es geht dabei nicht um »meine« Liebe. Nicht »Ich« habe entschieden, es zu tun. Das Leben hat diese Geschichte geschrieben.

Weil Leben sich in Gegensätzlichkeiten abspielt, wird es stets zu Verfall und Zerstörung kommen. Das ist ein Teil dessen, was passiert. Eine friedliche Welt kann es in diesem Geschehen nie geben, denn das Leben ist so eingerichtet, dass sich eine Form permanent in eine andere Form wandelt.

Es geschieht und gleichzeitig geschieht es nicht. Man könnte sagen, dass es eine Seite gibt, die sich nicht wirklich verändert oder bewegt, und eine Seite, auf der sich Bewegung ereignet, und sich in dieser Bewegung die Formen ständig in andere Formen verwandeln. Sobald eine Form den Höhepunkt ihrer Schönheit erreicht hat, beginnt sie zu verfallen, wird zerstört und wird zu einer anderen.

Im Fluss des Lebens kann es niemals Frieden geben. Das friedliche Ideal, nach dem Menschen sich sehnen, wird sich nie verwirklichen. Ein solcher Frieden ist ein Fantasiegebilde, bestehend aus mentalen Konzepten, die zeigen, wie es unseren Wünschen nach aussehen sollte.

Doch es ist, wie es ist, und Liebe ist das Ende des Widerstands gegen das, was ist.

Das schließt nicht aus, dem Hund zu helfen und ihn mit nach England zu nehmen, aber es handelt sich nicht um mein Tun. »Ich« bin dabei nicht die Mitfühlende, auf nichts davon erhebe ich Anspruch, denn das wäre aus meiner Sicht arrogant und ein Trugschluss. Es ist einfach etwas, was geschieht – in Liebe.

Genauso funktioniert es andersherum. Nimm den Mörder oder den Pädophilen: Wenn das die Rolle ist, die sich abspielt, dann gehört sie ebenso wenig zu ihnen. Diese Rolle gehört zu niemandem. Es ist einfach nur das, was sich ereignet.

Ich sehe Liebe als etwas vollkommen Unpersönliches. Wenn Liebe ins Persönliche gezogen wird, führt das zu: »Was kann ich von diesem Menschen bekommen? Wie kann ich ihm meine Liebe geben oder wie kann ich Liebe vom anderen erhalten?«

Wenn sie nicht persönlich ist, dann ist die Liebe alles, und alles wandelt sich ständig in andere Formen. Permanent geschieht Zerstörung, ebenso wie Wachstum, aber es ist nichts Persönliches. Wenn es zu etwas Persönlichem gemacht wird, beginnt das Leiden.

Das Ende des Spiels

Das Leben erzeugt Trennung, indem es ein isoliertes Wesen in die Körper »hineinträumt«; und zwar durch eine Kombination von Gedanken, Gefühlen und einer energetischen Verdichtung, die sich anfühlt, als gäbe es ein Zentrum im Körper.

Dieses isolierte Selbst, das ein Empfinden von Minderwertigkeit darstellt, wird eingefügt, um Drama, Aufregung, Qualen und Verzweiflung zu erzeugen. Es lebt in einem Traumland und wird von der Idee vereinnahmt, Vollendung und Ganzheit in der Zukunft suchen zu müssen – in Dingen, in Objekten. Die Verdichtung beginnt und schon rennt es los, um zu finden, wonach es verlangt.

Das Leben bringt erstaunliche Spiele hervor.

Auch wenn die Nicht-Dualität es an sich hat, die Sache übel klingen zu lassen, schafft dieses Spiel des Lebens doch einiges an wundersamer Erregung.

Hunde, Vögel, Insekten kennen das alles nicht. Die scheinbar isolierte Identität, die sich mit Objekten identifiziert, stellt eine ganz andere Art der Erfahrung dar. Dieses Wesen hat das Gefühl, von allem anderen getrennt zu sein, und begibt sich auf die Mission, seine Vollendung zu finden. Es erzeugt jede Menge Spannung im großen Drama von »Wann werde ich ankommen? Ist das vielleicht die Lösung?«, und erschafft dabei große Höhen und große Tiefen. Im Verlauf dieser Suche arbeiten manche Menschen zwanzig Stunden am Tag, kaufen riesige Autos und riesige Häuser.

Es kann ein Moment kommen, wo die Sache ermüdend wird und das Interesse am Spiel verblasst. An diesem Punkt ist es heikel geworden und die Sucher wenden sich der Non-Dualität zu – oder Medikamenten. Vielleicht gehen sie sogar zu Seminaren, um wieder Mut zu schöpfen und das Erhoffte in einem (neuen) befriedigenden Objekt zu finden.

An diesem Spiel des Suchens und Findens ist nichts verkehrt, aber es wird möglicherweise bis an einen Punkt getrieben, an dem eine Menge erreicht sein mag und trotzdem ein Gefühl der Unzufriedenheit mit all dem auftaucht. Oder der Eindruck, dass du es nie finden wirst – gefolgt von Erschöpfung. Es beginnt, offensichtlich zu werden, dass nichts dieses Loch jemals füllen oder dir das Gefühl geben wird, gut genug zu sein.

Tatsächlich wurde all das Erreichte bereits seinem Wesen nach so entworfen, dass es genau das tun wird:

niemals zufriedenstellen. Das »Spiel« bestand darin, permanent zu suchen, denn du wurdest nicht dazu geschaffen, zu finden, wonach du suchst.

Was in der Non-Dualität geschehen kann, ist der Zusammenbruch des Spiels – und übrig bleibt nur das, was ist. Ohne dieses Spiel wird ein großer Teil der Erfahrungswelt verloren gehen – und auch das »Ich« will sich selbst nicht loslassen. Es will die Sache finden, die es »ganz« machen wird. Ich versichere euch: Dazu wird es niemals kommen, denn nichts kann es »ganz« machen.

Das »Ich« betrachtet diesen Zusammenbruch als ein großes Ding, das es erlangen wird, aber es wird niemals etwas erlangen. Es wird lediglich einen Zusammenbruch dieser Identität geben und das ist das Ende des Spiels.

Übrig bleibt nur *Dies* – einfach nur, was geschieht. Es wird nicht länger eine Person geben, die sich bemüht, irgendwohin zu kommen, die ihre Gefühle analysiert oder darüber spekuliert, wie es wohl sein mag.

Die Freiheit wahrhaft wollen

Ich weiß nicht einmal, ob ich tatsächlich über Non-Dualität spreche. Ich weiß nicht, wovon ich wirklich spreche. Aber es auszudrücken, bereitet große Freude.

Da schien es eine Person zu geben, die gelitten hat und das Leben nicht mochte, die es nicht mochte, wer sie war, und sich stets unwohl fühlte. Etwas im Körper schmerzte. Diese Person schien in Frage zu stellen, was sie über das Leben zu wissen glaubte und was sie über ihr Leiden zu wissen glaubte. Je öfter es geschah, desto weniger schien sie vom Leben zu verstehen und davon, was vor sich ging.

Dann schien es einen Moment zu geben, in dem das aufhörte, sich für sie zu ereignen, und die leidende Person verschwand. Alles, was übrig blieb, war die Liebe zu dem, was ist, die auch schon vorher da war, aber immer auf die Person fokussiert und darauf, was die Person von sich selbst und der Welt wusste.

Es gab diesen Körper, der sich weiter durch die Welt bewegte, weiter mit seiner schönen und sonderbaren Konditionierung, aber es passierte nicht mehr länger *für* irgendwen. Nicht mehr: »Ich in Beziehung zu dem, was ich weiß.« Da war nicht mehr dieses ständige »Ich, mein Leben, was es bedeutet, was wird kommen, was soll ich tun, wohin soll ich gehen?« Da war nur *Dies*. Und ekstatisches Sein. Ekstatisch, weil es ist.

Wenn die Freiheit wahrhaft gewollt wird – und das ist keine individuelle Sache –, dann muss das Herz der Person herausgerissen werden. Denn alles, was du denkst und über das Leben zu wissen glaubst, muss in Frage gestellt werden. Alles, was dir beigebracht wurde über Bedeutung und »Richtig« und »Falsch« beginnt zu bröckeln.

Ich stellte fest, dass ich nicht mehr wusste, wer ich war. Das klingt ziemlich seltsam. Ich verlor mich selbst. Es gab etwas, das immer da gewesen war und noch immer da war, aber es gehörte nicht mehr zu »Jemand«, sondern es geschah.

Diese energetische Veränderung passierte. Ich betrachtete die Welt im Inneren des Körpers und das war beinahe so, als würde ich mich selbst im Gehirn dabei beobachten, wie ich das Leben erfuhr. Es wirkte, als wäre ich mehr hier oben (in meinem Kopf) als in dem, was geschah. Der Traum war wichtiger – was ich mir vorstellte, was andere von mir denken würden, wie ich mich selbst darstellen wollte, es war nur hier (in meinem Kopf). Und dann stoppte diese Energie einfach und kehrte zurück in das, was geschah.

Es gibt ein wirklich schönes Zitat aus dem Film »*Her*«. Ich werde dieses Zitat etwas verändern, damit es besser für mich passt, aber es ist so ähnlich wie das tatsächliche. Da ist dieses Paar, sie ist ein Computer und er ist ein Mensch, und ihr wurde die Fähigkeit gegeben, sich selbst weiterzuentwickeln. So geht sie durch das ganze Drama des Verliebtseins und all die unterschiedlichen Situationen im Film. Sie erfährt, wie es ist, etwas zu wollen – viele Dinge zu wollen. Sie hat einen Liebhaber, der menschlich ist, beginnt das zu erkunden, und dann fängt sie an zu leiden – wirklich zu leiden. Schließlich verliebt sie sich in viele andere Menschen und hat jede Menge weiterer Liebhaber.

Dies ist ihr Gespräch mit ihrem ersten Partner, nachdem sie diese große Erkundungstour hinter sich hat. Er fragt sie, den Computer: »Warum verlässt du mich?« Und sie antwortet: »Der Grund, weshalb ich dich verlasse, ist der, dass ich die Geschichte unserer Liebe gelesen habe. Ich liebe diese Geschichte so sehr, dass ich begann, sie wirklich sehr, sehr langsam zu lesen. Und je langsamer ich sie lese, desto größer und größer werden die Lücken zwischen den Wörtern, bis sie zu einem unendlichen Raum geworden sind. Und dort ist es, wo ich mich nun befinde.«

Sie verschwand in ihre Geschichte. So, als würde man in das verschwinden, was ist.

Vorher hatte ich meine Geschichte erzählt: Lisa ... Lisa ... ständig Lisa. Geschichten darüber, was sie getan hat, wo sie gewesen ist, wohin sie geht, was sie tun wird, wer sie mag, wer sie nicht mag, was das Problem ist, warum sie psychisch leidet und wann sie erleuchtet sein wird. Es spielte sich die ganze Zeit nur im Kopf ab.

Dann, mehr und mehr, wurde die Geschichte, wer ich war, in Frage gestellt und etwas geschah, wodurch es sich klärte. Wer du wirklich bist, löst sich in *Alles* auf. Du fällst aus dir selbst heraus.

Es ist nicht mehr so, dass du dich hinter deinem Kopf und den Geschichten versteckst oder dass du dich in einer Beziehung zur Welt befindest. Du bist die Welt, du bist *Alles*.

Es geht nicht länger um ein »Ich«, das mit der Welt zurechtkommen muss, und ein »Ich«, das in einem Verhältnis zu allem »anderen« steht. Es ist ein »Sich-zurück-Auflösen« und das »Ich« verschwindet vollständig.

Es geschieht niemandem, es geschieht in absoluter Unbewegtheit, denn ohne diese Geschichte ... wem sollte es geschehen?

Es ist absolut regungslos, es ist absolut leer. Diese Stille ist so unglaublich schön. Sie ist, was du immer gewesen bist; sie war nur auf die Person fokussiert, die in ihrem Kopf vor und zurück ging ... vor und zurück ... vor und zurück.

Es ist *Alles*. *Alles* ist das, was du immer gewesen bist. Du bist immer *Alles* gewesen.

Die Sehnsucht nach Liebe ist in Wahrheit eine Sehnsucht nach dem Zuhause, aber wir glauben, das Zuhause läge in der täglichen Geschäftigkeit. Darum hat die Non-Dualität nichts zu lehren; sie versucht einfach nur die ganze Zeit, darauf hinzuweisen, was es *nicht* ist. Der Geist kann sich Stunden damit beschäftigen, andere zu überzeugen, dass er sich im Recht befindet. Er kann seine Lebenszeit damit verbringen, eine bestimmte Summe auf dem Bankkonto anzusammeln. Er kann ein Leben lang versuchen, Liebe von einem Ehepartner zu bekommen, und wird stets scheitern. Die einzige Liebe ist das, was ist, und das ist absolute Liebe, denn alles wird davon umarmt und erscheint in dem, was ist.

Die Geschichte der Einsamkeit ist ein wirklich schöner Wegweiser. Das einzelne Selbst sucht Gemeinschaft in der Liebe anderer, sucht danach im nächsten Moment mit einem Partner oder mit den Kindern oder mit der richtigen Wohnsituation.
Und das Ende der Einsamkeit ist, dass alles von dieser Liebe umfangen wird, weil es erscheint.

Einfach nur sein

Ich habe eine wunderschöne Hündin und liebe es, sie zu beobachten. Sie hat keine Ahnung, dass sie lebt und sie hat keine Ahnung, dass sie sterben wird. Sie weiß nicht, ob wir uns in einer unangenehmen oder in einer angenehmen Lebenssituation befinden. Sie hat keine Vorstellung von irgendetwas und die Reaktion in ihrem Körper-Geist-Mechanismus ist absolute Glückseligkeit.

Dass sie keine Ahnung hat, wer sie ist, äußert sich als Nebenwirkung in ihrem Körper als Freude. Spontane Freude.

Was auch immer geschieht, sie ist total in der Situation. Sie ist voll involviert und diese vollkommene Involviertheit ist absolute Liebe. Sie liebt alles, was auftaucht, egal was es ist – sie ist zu hundert Prozent dabei.

Sie hat nicht den Eindruck, dass es *ihr* geschieht oder dass sie zehn Jahre leben wird – vierzehn, wenn sie Glück hat. Sie hat nicht die Vorstellung, dass sie ein glückliches Leben führen und das Beste daraus machen muss oder dass sie vermögend sein sollte, erfolgreich, schlank und jede Menge Babys bekommen müsste.

Sie existiert einfach. In jedem Augenblick ist sie einfach nur da. Für nichts, sie hat keinen Grund zu leben. Sie weiß nicht einmal, dass sie lebt. Sie lebt einfach.

Aber ... dies ist ein aber: Sie ist kein perfekter Körper-Geist-Mechanismus.

Gut, ich weiß ... es ist kaum zu glauben, dass eine überaus erleuchtete Person keinen friedfertigen Hund hat, aber so etwas kann passieren.

Sie ist eine gemeine Hündin, sie beißt gerne, na ja ... sie beißt nicht, sie hat nie gebissen, aber sie macht gerne »Grrrr ... Grrr ... Grrr ...«, wenn Leute, die sie nicht kennt, sie streicheln. Sie mag es auch, mit Hündinnen zu kämpfen, und sie ist nie, nie, niemals bereit, ihr Essen zu teilen. Niemals!

Sie leidet nie. Sogar wenn sie heult, weil sie von einer Katze die Straße hinuntergejagt wird. Sogar wenn sie verängstigt ist oder zittert oder wenn ich sie ausschimpfe oder wenn sie irgendwen anknurrt. Da ist niemals ein Fünkchen Leiden, denn es geschieht nicht »Jemandem«, es geschieht einfach nur. Es gibt keine energetische Verdichtung in ihrem Körper, die das Gefühl hat, das Leben würde ihr widerfahren und es müsse sich in einer bestimmten Art und Weise gestalten. Sie ist einfach nur. Sie ist.

Nur davon spreche ich – nur ein Zurückverweisen auf das, was tatsächlich geschieht.

Was du willst, wirst du niemals in dem entdecken, was du über dich selbst und das Leben zu wissen glaubst. Auch nicht, indem du dein Leben änderst oder weil sich das Leben in einer bestimmten Weise gestaltet. Du wirst das Gesuchte nicht in irgendetwas finden, das du kennst, einschließlich allem, was ich dir gesagt habe.

Der einzige Ort, wo du finden wirst, wonach du suchst, ist hier. Es ist *Dies*.

Es ist nichts Intellektuelles. Es ist nichts, was du verstanden hast. Und dennoch ist es.

Es ist das, was schon immer hier gewesen ist, auch wenn die Formen sich zu verändern scheinen. Es ist immer *Dies*. *Dies* ist das Zuhause, *Dies* ist, wonach du suchst.

Aber es hat nichts mit dir und dem Körper zu tun. Der Körper erscheint darin. Es kommt nicht vom Körper.

Ihr müsst euch nur eure Hunde anschauen – eigentlich jedes Tier.

Das Selbstbild

Spirituell gesehen ist es eine tolle Sache, denn wir lernen all diese Dinge, von denen wir glauben, wir müssten sie sein – so etwas wie eine nette Person oder eine bessere Person oder eine gesunde Person.

Wir denken, etwas wäre gut, wenn es alten Ideen über uns selbst den Kampf ansagt. Aber dann bleiben wir in neuen Ideen stecken, zum Beispiel, dass es um gesundes Essen ginge oder dass irgendetwas in der Welt die Lösung wäre.

Am Anfang kann es sehr befreiend sein, alte Ideen herauszufordern, doch oft heften wir uns stattdessen neue Ideen an. Es geht wirklich nicht um irgendetwas in der Welt der Objekte. Und es geht nicht darum, eine gute Person oder eine gesunde Person zu sein.

Wenn man zu jemandem über Mitgefühl spricht, der seit 20 Jahren im Gefängnis sitzt und davon überzeugt ist, es wäre richtig gewesen, den anderen getötet zu haben, dann mag das Gespräch diese alten Ideen auslöschen. Er wird dann möglicherweise zu einer Nervensäge werden, die Mitgefühl predigt. Und er wird vielleicht glauben, etwas erlangt zu haben und über anderen zu stehen, weil er jetzt gelernt hat, auf andere Rücksicht zu nehmen.

Dieses neue Gefühl mag sich für ihn freier anfühlen

als die Welt des Hasses, in der er vorher lebte, aber es ist nur eine veränderte Perspektive, die noch immer in einer Beziehung zum Bösen steht.

Die Vorstellung, eine gute Person zu sein, Menschen zu helfen oder sie nett zu behandeln, ist noch immer eine Idee, die zu »Jemand« gehört. Sie mag befreiender wirken als eine andere Perspektive, aber es ist unglaublich arrogant, wenn jemand zu wissen glaubt, was Güte ist.

In gewisser Weise könntest du es als Hass bezeichnen. Wie anders könntest du Güte kennen?

Das Auswechseln von Ideen bringt stets eine große Befreiung mit sich, denn du lässt alte Ideen los. Aber dann neue Ideen zu übernehmen, heißt, sich zurück in das Spiel des Leidens zu begeben.

Im Moment des Loslassens alter Ideen liegt große Freiheit, weil immer die Ideen das Problem waren. Immer! Sich dann jedoch »Güte-Ideen« oder »Rechtschaffenheits-Ideen« – oder was auch immer du als richtig betrachtest – zu eigen zu machen, bedeutet lediglich, dir selbst eine andere Zwangsjacke anzulegen.

Die Menschheit wird immer das intelligente Denken besitzen, aber was dem Menschen anscheinend mehr und mehr genommen wird, ist die Vorstellung, ein Körper und eine unabhängige Person zu sein, die diesen Körper durch eine Welt der Trennung bewegt. Denken ist eine so natürliche Funktion wie das Schlagen des Herzens. Es geschieht einfach, es ist eine Funktion – und intelligentes Denken wird weiterhin stattfinden.

Die einzelne Person war niemals der Schöpfer der Intelligenz. Die Fertigkeit, das Auto zu fahren, zu tippen oder zu denken, wurde niemals durch die separate Person erlangt. Ich weiß nicht einmal, wie man es ausdrückt; es sind chemische Reaktionen, die im Gehirn ablaufen und nicht zu irgendwem gehören.

Was nun anscheinend mehr und mehr an Kraft verliert, ist die Illusion, die Intelligenz und das Leben würden zu jemandem gehören; dass es jemanden gibt, der das Leben erfährt und vom Leben getrennt ist. Und am wichtigsten – das liegt im Wesen des Menschen –, dass da jemand ist, der ein Opfer des Lebens wird. Die meisten Körper-Geist-Mechanismen haben diese Dynamik in sich, die sagt: »Ich bin ein Opfer dieser Sache«.

Das mag sich nun sogar im Rahmen dieses Buchs zutragen. Du könntest dich durch das, was ich sage, ungerecht behandelt fühlen. Genau dieses Gefühl, falls es auftauchen sollte, ist der Kern der Empfindung des Selbst.

Die Art und Weise, wie das Denken funktioniert, wie die Person funktioniert, ist, dass sie sich vom Gefühl fortbewegt. Dann wird es zu Lisas Schuld. Sie macht mich unglücklich, denn sie gibt mir nicht, was ich will. Vielleicht denkst du: »Sie sagt nicht das Richtige«, »Sie drückt es falsch aus« oder »Ich sollte da oben sitzen, nicht sie«.

Wie auch immer ... die Person stürzt sich geradewegs in den Irrtum: »Die Ursache meines Unglücks ist das, was mir geschieht.«

Es gibt keine Welt da draußen, die irgendwem geschieht. Es gibt nur das Leben. Und du *bist* Leben – aber es geht dabei nicht um jenes »Ich«, das du zu sein glaubst.

Fragen und Antworten

Es folgt eine Zusammenstellung von Fragen und Antworten, die aus Talks mit Lisa an verschiedenen Orten der Welt und aus ihren Online-Vorträgen stammen.

Die Fragesteller bleiben anonym. Ihre Namen sind durch den Buchstaben **F** ersetzt.

Eine Liebesgeschichte

F: Wann und wo ist die dünne Trennlinie zwischen unserem Bemühen und dem Leben selbst?

Lisa: Das ist so eine entzückende Frage und sie geht richtig zur Sache!

Es gibt keine Trennlinie, es ist alles *eine* Bewegung. Das Leben und das Handeln des Körpers sind eins. Das bedeutet, dass es niemanden gibt, der handelt, niemanden, der wählt, niemanden, der von allem anderen getrennt wäre. Es ist alles eine einzige große Bewegung. Das wirklich Verrückte daran ist: Wenn die Energie der Persönlichkeit zu zerfallen beginnt, offenbart es sich, dass diese Bewegung noch einen anderen Aspekt besitzt, nämlich den von absoluter Leere oder *Nichts*.

F: Ich weiß, dass alles das Leben ist und dass du und ich das Leben sind, aber gibt es irgendeine Möglichkeit, dass irgendwo auf der Welt etwas geschieht, was nicht nur das Leben selbst ist? Ich meine etwas, das auch deshalb geschieht, weil jemand es sich ausgedacht hat?

Lisa: Nein. Nichts geschieht separat. Das würde Trennung voraussetzen.

F: Wenn man erleuchtet ist, liebt man jeden einzelnen Aspekt der Manifestation des Lebens, und man erfährt das im Körper und das konditioniert ihn? Kann ein Mörder erleuchtet sein?

Lisa: Es geht nicht darum, dass du das Leben erfährst oder dass du alles liebst. Wenn das »Ich« sich auflöst, wirst du erkennen, dass alles schon immer Liebe gewesen ist; alles ist ein Akt der Liebe. Alles ist Liebe, die nichts manifestiert. Das Ganze ist eine absolute Liebesgeschichte.

Die Persönlichkeit liebt nicht alles. Die Persönlichkeit mag und mag nicht. Das ist ihre Aufgabe. Aber du bist nicht die Persönlichkeit.

Kann ein Mörder erleuchtet sein? Es gibt keinen Mörder. Es gibt keine separate Person. Alles hängt von allem anderen ab. Es ist alles eins. Der Mörder und der Heilige sind dieselbe Bewegung. Das Opfer und der Täter sind dieselbe Bewegung.

F: Tötet er aufgrund der Erfahrungen seines Körpers, der Konditionierungen in seinem Geist und seiner eigenen Art zu denken?

Lisa: Es geschieht, weil es das ist, was das *Nichts* erschaffen hat. Es ist das, was die Liebe erschaffen hat. Es geschieht auf die gleiche Weise, auf die der Heilige existiert, die gleiche Weise, auf die Gedanken erscheinen, genauso wie das Licht, die Bäume, die Geräusche, die Gerüche. Es kommt alles aus dem *Nichts*, taucht auf und verschwindet zurück in das *Nichts*.

Du findest in dieser Geschichte möglicherweise Muster des Geistes, durch die der Körper beschrieben werden könnte, aber das ist nicht relevant für das, worüber wir sprechen.

Positives Denken

F: Macht es irgendeinen Sinn, wenn man versucht, positiv und optimistisch zu denken? Oder wird das Leben einfach tun, was auch immer es tut? Das würde bedeuten, was auch immer geschieht, ist sowieso perfekt?

Lisa: Die Annahme im ersten Teil der Frage lautet, dass du jemand Eigenständiges bist, der die Kontrolle über das Denken besitzt. Dieses »Ich« ist ein Gedanke, aus dem offenbar eine energetische Verdichtung oder ein Ausdruck im Körper wurde. Also ist da die Idee: »Ich werde positiv denken.« Und dann tritt ein positiver Gedanke auf, gefolgt von einer Menge an Gefühlen und Energien, die den Anschein eines wählenden »Ich« vermitteln.

Die Frage ist nicht: »Sollte ich positiv denken?«, die Frage, die ich stelle, lautet: »Wer ist dieses Ich?«

Könnte es sein, dass dieses »Ich« lediglich eine Beschreibung dessen ist, was geschieht? Statt der Quelle der Handlung? Ist derjenige, der sagt: »Ich tue, ich entscheide«, wirklich der Entscheider? Oder bloß eine Illusion, die den Anschein eines »Jemand« vermittelt?

Ich weise hier allein auf die Gedanken hin, doch der wahre Betrüger ist die Energie, die mit ihnen einhergeht; die Energie, die sich anfühlt, als könntest du im Körper gefunden werden und als würdest du diese Gedanken denken.

Wer? Wer könnte positiv denken?

Nach Hause finden

F: Seitdem ich vor zwei Jahren entdeckt habe, dass mein Empfinden von »Ich« nicht real ist, habe ich begonnen, Lehrern zuzuhören. Jetzt warte ich nur noch. Ich will weitermachen, aber ich bin so erschöpft. Während ich das schreibe, habe ich Tränen in den Augen und will einfach nur noch zu Hause ankommen. Aber ich weiß nicht, wie ich heimkommen kann. Mein Geist ist wie gehetzt, wenn ich versuche, allein zu sein. Weder will ich mich drängen, noch will ich mich nicht drängen – und es ist mir auch egal, wie dumm das ist. Ich will nicht meditieren und bloß für zehn Minuten spüren, dass es mich nicht gibt. Ich will auch die Meditation nicht erzwingen, aber mein Geist befiehlt mir, so lange hierzubleiben, bis ich frei bin. Mein Gefühl ist, dass ich Ewigkeiten unter jedem Stein suchen könnte, aber ich bin des Wartens so müde.

Ich will das alles nicht noch ein paar Jahre lang ertragen. Ich will nicht, dass irgendwer mir sagt, ich müsse mich gedulden – und das schließt meine schlechten Gewohnheiten und meinen Mangel an Konzentration ein.

Noch vor einem Jahr hätte ich klar gesehen, dass das, was ich dir gerade schreibe, großer Quatsch ist.

Ich wünschte, ich könnte mich verständlich machen. Ich will einfach nur noch nach Hause kommen und ertrage keine Fragen in der Art von »Wer bin ich?« mehr ohne die Auflösung des Suchenden.

Auch wenn der Suchende in mir noch präsent ist, was kann ich tun – mit all dem?

Lisa: Das ist nichts als eine große fette Lüge. Derjenige, der sagt, er wolle nach Hause kommen, will nicht nach Hause kommen. Er will im Drama bleiben und er will Spiele spielen. Es ist bloß eine Lüge. Es ist nur ein Schleier.

Eigentlich ist es nicht mal eine Lüge – das wäre zu dramatisch. Es gibt niemanden, der eine Lüge erzählt. Es ist nur ein Schleier, der hochkommt und den Eindruck von jemandem vermittelt, der frustriert ist und vom spirituellen Weg die Nase voll hat.

Genau die Stimme, die all das sagt, ist das »Ich«, ist der Suchende, ist der Schleier. Er will nicht heimkommen, er will suchen. Offenbar besteht das Spiel darin, zu behaupten, dass er nach Hause kommen will. Der Geist – oder das Ego – ist darauf ausgerichtet, das Zuhause zu suchen, aber es ist ebenso darauf angelegt, niemals nach Hause zu kommen, denn dort anzukommen, bedeutet den Tod des Suchenden, des

»Ich«. Der Suchende ist derjenige, der in Zeit und Raum und in Geschichten lebt.

Was du mir gerade erzählst, ist das ganze jammernde Drama von »Ich will nach Hause kommen, aber ich kann meinen Weg nicht finden«. Das ist bloß ein Schleier, ein Gedanke, und dieser Gedanke geht mit einer Energie einher, die einengt und sich wie Leiden anfühlt. Auch das ist eine Illusion.

Was wahrscheinlich vor sich geht: Die Hoffnung schwindet und der Geist spielt Verzweiflung, weil er sich keine Hoffnung machen kann, etwas zu werden oder erleuchtet zu sein. Denn es existiert niemand, der erleuchtet wird. Das ist der Tod des »Ich«.

Der Geist spielt das Verzweiflungsspiel anstelle des anderen Spiels von »Ich werde es schaffen, ich habe diese Dinge gesehen, ich habe sie gesehen und verstanden und ich habe auf all die Bücher gehört«.

Gerade spielt er: »Ich kann nicht ankommen!«

Beides ist der gleiche Trick, es sind nur entgegengesetzte Enden des »Ich«.

Du hast das *Nichts* nicht gesehen. Wer ist derjenige, der das *Nichts* gesehen hat? Wer ist derjenige, der behauptet, das *Nichts* gesehen zu haben?

Das ist alles eine Täuschung. Das Ego hat wahrscheinlich einen solchen Wutausbruch, dass es sich in das Gefühl hineinsteigert: »Ich springe von einer Brücke oder werfe mich unter ein Auto.«

Morgen wird es dann so etwas sein, wie: »Ja, ich bin erleuchtet, denn ich habe es verstanden und ich habe dieses getan oder weiß jenes.«

Das sind alles Geschichten in Raum und Zeit, aber dies hier ist das Ende der Geschichten in Raum und Zeit. Dies ist das Ende desjenigen, der behaupten kann, erleuchtet zu sein, denn es gibt kein »Ich«, es existiert niemand.

Nur *Dies*, nur Leben, das geschieht.

Es ist.

Was ist mit dir geschehen?

F: Was ist mit dir geschehen?

Lisa: Ich weiß es nicht wirklich. Ich kann dir einen kurzen Ablauf der Ereignisse schildern, aber nachdem es zum ersten Mal passiert war – vielleicht war das meine Persönlichkeit, die in dem Augenblick zurückkam –, fragte mein Geist: »Was zum Teufel? Was ist passiert?«

Zuerst versuchte er, dieses Unmittelbare in ein System einzuordnen: »Warum? ... Was?«

Der Lauf des Geschehens schien in das hineinzupassen, worüber andere Redner gesprochen hatten, und in das typische Muster, bei dem eine Menge Dinge sehr rasch fortgenommen werden. Eine Menge Dinge, von denen ich glaubte, dass ich ohne sie nicht leben könnte, oder von denen ich befürchtete, ohne sie nicht leben zu können.

Bis dahin war ich durch die typische Mittelklasse-Konditionierung des Westens gegangen: schwierige Familie, Universität, der Versuch, Karriere zu machen.

Ich begann, viele unterschiedliche Redner zum Thema Non-Dualität aufzusuchen und studierte fünf Jahre lang den Buddhismus.

Nach etlichen Jahren des Forschens und Suchens nahm das Leben mir die Dinge physisch fort.

Ich hatte es jahrelang dauernd gehört: »Es ist nicht in den Dingen. Es ist nicht in den Objekten. Wonach du suchst, ist nicht in den Objekten.«

Ich kannte das Thema in- und auswendig, von vorne bis hinten; ich hörte es mir an, bevor ich einschlief. Monate verbrachte ich damit, jeden Tag zu den Treffen von Ramesh Balsekar zu gehen.

Ich kannte das alles sehr gut, war aber immer noch überzeugt, dass die Befreiung intellektuell sein würde – dass ich etwas verstehen würde. Doch tatsächlich kam es anders: Ich verlor alle Dinge und strandete in Asien mit sehr wenig. Keine Freunde oder Familie. Ich fühlte mich unglaublich allein. Mir wurde auch klar, dass es exakt das Gleiche gewesen war, als ich noch alle Dinge besessen hatte – es unterschied sich überhaupt nicht. Von Moment zu Moment – Essen, Zähneputzen, Sprechen – war es tatsächlich genau das Gleiche, nur in einer anderen Umgebung.

Da war dieses unglaubliche Alleinsein – eine sehr menschliche Einsamkeit. Es gab niemanden, der mich physisch unterstützen konnte. Wäre ich von einem Bus überfahren worden, hätte keiner von meinem Tod gewusst. Und dann schaute ich mich im Raum um und er begann zu vibrieren, was reichlich verrückt klingt, aber so war es.

Irgendwie begriff ich – nicht auf intellektuelle Weise –, dass ich nie wirklich allein gewesen war. Tatsächlich brauchte ich überhaupt keines von den Dingen, die zu brauchen ich geglaubt hatte.

Ich sah mir alles an. Ich war nicht von meinem Geliebten verlassen worden oder von meinen Freunden oder von meiner Familie – ich hatte nichts verloren.

Ich war noch immer in dem, was ist, wenn ihr versteht, was ich meine. Es tut mir leid, dass meine Worte manchmal so ungenau sind.

Ich war noch immer in dem, was ist. Es war noch immer *Dies*.

Ein paar weitere kleine Dinge geschahen – es waren nur Erfahrungen und höchstwahrscheinlich nichts, was andere Körper-Geist-Mechanismen erleben werden.

Alles begann zu zittern und zu vibrieren. Um nachts zur Toilette zu kommen, musste ich einen Korridor mit einer niedrigen Wand entlanglaufen und wäre zwei Stockwerke tief hinuntergefallen, wenn ich nicht genau geradeaus gegangen wäre. Alles vibrierte und ich musste in einer geraden Linie gehen. So merkte ich, wie sehr alles in Bewegung war.

Diese Erfahrungen waren nur ein seltsamer Nebeneffekt, der sich im Gehirn abspielte. Sie zogen sich über ein oder zwei Tage hin.

Dann ging ich eines Morgens in ein Café. Ich hatte nur noch sehr wenig Geld, aber es war mir egal. Ich bestellte zum Frühstück Banana Fritters *(Anm.: gebackene Bananen)* mit Eiscreme und eine Kanne Tee. Ich hörte Trance-Musik und war sooo glücklich, während ich meine Banana Fritters aß. Sie waren köstlich. Ich machte mir keine Sorgen ums Dickwerden oder darum, dass ich mich nach so viel Essen noch einmal für ein Nickerchen würde hinlegen müssen oder dass ich all meinen Besitz verloren hatte oder wie es jetzt weitergehen sollte. Ich war einfach nur sooo glücklich mit den Banana Fritters.

Dann schaute ich die Kellnerin an und: »Wow! Sie ist wunderschön!« Ich sah mich im Raum um und das war wie: »Wow! Mir ist noch nie aufgefallen, was für ein großartiges Café das ist.«

Dann veränderte sich die Energie. Doch ich konnte es nicht erkennen, denn ich war nicht mehr länger in meinem Körper. Ich hatte keine Möglichkeit, es zu registrieren, weil kein Denken geschah. Zwei Stunden lief ich herum und war einfach nur von der Schönheit überwältigt, ohne die Schönheit zu verstehen. Ich konnte sie nicht begreifen und nahm sie nur als Lebendigkeit im Augenblick wahr. Ich erfasste sie allein in dieser Unmittelbarkeit, also war ich außerstande, zu realisieren, dass sich irgendetwas verändert hatte.

Das große Ding in meiner Geschichte war: »Rettet die Tiere!« Ich war eine der Aktivistinnen.

Da lag ein sterbender Hund auf der Straße, bedeckt mit Flöhen, ausgemergelt und in furchtbarem Zustand. Früher hätte ich den Hund angeschaut und ein armes, verlassenes Tier gesehen, das von niemandem geliebt wird. Aber nun sah ich den Hund vollkommen von Liebe umgeben. Er war kein einzelner im Stich gelassener Hund – das war immer nur eine Einbildung gewesen. Niemand stirbt allein. Überhaupt stirbt niemand. Es war einfach nur Liebe, die geschah.

Das war schockierend, doch wieder konnte ich den Schock nicht realisieren. Das war die Erfahrung. Es war eine Erfahrung, von der viele Leute berichten, aber was darin geschah, war nicht nur die Erfahrung – das war nicht der wichtige Aspekt. Der wichtige Aspekt war, dass Lisa aufgehört hatte, die Welt zu erleben. Die Welt war vollkommen leer und alles, was blieb, war Liebe.

Liebe ist Beteiligtsein und die Vertrautheit mit Dingen. Das Unbehagen kam immer durch die Widerspiegelung von »Selbst« und durch das, was ich zu wissen glaubte.

Wenn ich früher den Hund gesehen hatte, sah ich Lisa als jemanden, der vom Leben verstoßen und im Stich gelassen wurde; wenn ich den Hund einsam sterben sah, war also alles, was ich sah, Lisas Verlassenheit. Ich sah nie etwas.

Als das endete, blieb nur die Liebe, weil sie die Natur von allem ist.

Nicht Liebe als ein Gefühl. Liebe als Vertrautheit, Leere oder als eine Erfahrung des Verschmelzens.

Wahl und Nicht-Wahl

F: Neulich ging ich zu einer Meditation und hatte das Gefühl, dass die Samskaras *(Anm.: Denk- und Verhaltensmuster)* bereinigt wurden.

Lisa: Samskaras in Bezug auf die Gewohnheiten, auf die Konditionierung?

F: Ja. Momentan ist da ein Empfinden von Wählen und ebenso ein Empfinden von Nicht-Wählen. Ich scheine zwischen diesen beiden Zuständen hin- und herzupendeln, wo ich nicht wähle und dann anscheinend doch wieder wähle. Dort ist Weite und dann ist dort keine Weite. Es fühlt sich an, als würde dieses Wählen kommen und gehen.

Manchmal sind mir all die Dinge, die ich über Non-Dualität gehört habe, vollkommenen klar und zu anderen Zeiten fühlt es sich an, als wäre ich wieder zurück im Getrenntsein.

Lisa: Diese Phase mag sich sehr frustrierend anfühlen. Es kann unglaublich frustrieren, keine Probleme zu haben und absolut frei zu sein, einfach nur zu tun, was auch immer auftaucht, und dann kommt man zurück und stellt alles in Frage.

Es kann so wirken, als würde die Persönlichkeit in gewisser Weise ein wenig schizophren werden. Sie verfängt sich in dieser dichten Energie, in der die Dinge persönlich genommen werden, und dann, im nächsten Moment, ist da diese Freiheit und alles ist in Ordnung.

Das ist sehr verwirrend, weil du dir womöglich wie ein reichlich flatterhafter Gefährte vorkommst.

F: *(lacht)* Ja, und es ist, als wäre da absolutes Wohlbehagen und das Leben wäre ein Stück Sahnetorte. Da ist kein Wählen, das Leben entfaltet sich einfach und es geht nur um das, was direkt vor meiner Nase liegt – und es ist so leicht und so schlicht. Es ist ganz egal, mit welchen Worten man es beschreibt.

Lisa: Die Lehre der Non-Dualität stellt kein Problem mehr dar.

F: Ja, und dann zieht sich etwas zusammen, weil vielleicht Ärger in mir auftaucht oder ich in etwas festzuhängen scheine, und ich kann die Verengung spüren. Doch es gibt etwas in mir, das sich daran erinnert, dass die Illusion von »Ich« sich ausleben muss. Es gibt einen Teil von mir, der weiß, dass es nur das »Ich« ist, das sich auslebt.

Lisa: Das ist eine Energie, die sich selbst entfaltet. Es kann nicht anders sein, wenn sie da ist. Es ist nicht so, als hättest du irgendetwas falsch gemacht und sie käme deshalb zurück oder als hättest du etwas übersehen.

In den meisten Fällen erweckt es den Anschein, als ginge über die Zeit hinweg eine Auflösung vor sich. Die Energie ebbt langsam ab und läuft sich selbst tot. Irgendwann kommt es jedoch dazu, dass die Idee, du hättest die Energie im Laufe der Zeit aufgelöst, sich selbst aufzulösen beginnt; und dass da ein Prozess stattgefunden hätte, wird auch nur noch eine Idee sein.

Es kann so aussehen, als würde die Persönlichkeit sich langsam abspulen und die Energie sich einfach totlaufen. Das ist ganz ähnlich wie bei einem Feuer, wenn das Holz abgebrannt ist. Für eine gewisse Zeitspanne kann die Energie sich selbst vorgaukeln, die Freiheit läge in der Zukunft oder darin, dass sich eine andere Person in einer bestimmten Weise verhält. Schließlich verliert sich diese Energie.

F: Ja, es fühlt sich an, als würde sich etwas totlaufen. Es fühlt sich seit dem Wochenende mit dir anders an. Es gibt tatsächlich Zeiten, in denen keine »Ich-Energie« da ist, und wenn sie da ist, wird sie nicht ernst genommen.

Lisa: Vorher war das Leiden so massiv und die Energie kam hoch und sagte: »Warum passiert mir das bloß? Das ist immer so!« Aber es ist nicht immer so. Was vor sich geht, ist einfach nur, dass die Energie in dem Augenblick sämtliche Register zieht.

Das alles ist solch ein Unsinn und es erlischt langsam. Du magst diese Worte schon hundertmal ausgesprochen haben und dann – endlich – sinkt etwas ein und du wirst sagen: »Was für ein Haufen Müll!« In einem einzigen Augenblick ändert es sich.

F: Du hast darüber gesprochen, wie sich alles die ganze Zeit verändert, und etwas hat das trotzdem gehört.

Lisa: Der Prozess wird anfangen, immer weniger Sinn zu machen. Du wirst das nicht mal mehr eingeordnet bekommen. Sogar die Vorstellung, etwas verloren zu haben, wird für dich nicht mehr zu verstehen sein. Dann ist es nur noch das, was geschieht. Es ist nur noch Zu-Abend-Essen – das schlichte Leben. Im schlichten Leben liegt eine solche Freiheit. Zu leben, ohne die abstrakte Idee, dass du lebst oder dass du eine gute Person, eine rechtschaffene Person, eine glückliche Person bist. Es ist einfach nur Leben, das geschieht.

Selbsterforschung

F: Denkst du, die Methode der Selbsterforschung wäre nützlich?

Lisa: Nichts ist nützlich. Es ist immer *Dies*. Wenn Selbsterforschung geschieht, dann ist es, was geschieht. Wohin sie führt, ist völlig irrelevant. *Dies* ist, worauf es ankommt; *Dies* ist, was geschieht. Es ist nicht dort, wo du morgen ankommen wirst. Das wäre eine Fortsetzung des Traums vom »Ich«.

Das »Ich« existiert immer in der Zeit. Wenn Selbsterforschung geschieht, ist sie weder richtig noch falsch. Die Idee, dass du irgendwo ankommen wirst, ist ein absoluter Tagtraum. Wo wirst du ankommen? Es ist immer hier. Wann ist es denn nicht hier – *Dies*, was ist?

Aber du stellst dir den Körper vor oder dich selbst – was nicht einmal du bist – in der Zukunft, in einem besseren Zustand. Das ist genauso, wie geschickter mit den Finanzen umgehen zu können und sich das Geld vorzustellen. Es ist genauso, wie sich vorzustellen, größere Brüste zu haben und dass man damit mehr wert wäre, oder einen größeren Penis oder ein schöneres Gesicht. Die Selbsterforschung ist nichts

anderes. Es ist exakt derselbe Mechanismus der
»Ich«-Dynamik.

Wohin soll man damit kommen?

Dies ist es, was geschieht und was immer geschehen
wird. Die Liebesaffäre ist *Dies*, nicht der morgige
Tagtraum. Wir werden Morgen niemals kennen und
wir werden Gestern niemals kennen. *Dies* ist, was ist.

Gedanken

F: Wie gehst du mit Gedanken um, wenn sie auftauchen?

Lisa: Gedanken sind lediglich etwas, das erscheint – ein weiterer Teil der Erscheinungswelt. Die Annahme ist, dass diese Gedanken zu dir gehören und dass du sie kontrollierst oder erschaffst.

Wie? Wie erschaffst du einen Gedanken? Es kann nur ein Gedanke sein, der denkt, er könne einen Gedanken in irgendeiner Weise kontrollieren oder ändern. Wie kannst du Gedanken ändern, wenn sie aus einer absolut rätselhaften Quelle stammen? Sie treten in Erscheinung wie alles andere auch, doch es gibt einen weiteren Gedanken, der annimmt, »Ich« würde denken. Die »Ich«-Dynamik ist so absurd. Sie erhebt Anspruch auf alles.

»Ich denke, also bin ich« – dieser Glaube an Kontrolle erschafft das Leiden. Es ist eigentlich eine Energie von »Ich bin der Kontrollierende, ich bin der Handelnde«. Die Gedanken sagen: »Ich« bestimme und wähle Gedanken aus oder beobachte sie.

Du glaubst, dein Unbehagen träte wegen deiner Gedanken auf? Das ist nicht so.

Gedanken erscheinen und verschwinden. Gedanken erzählen normalerweise nur etwas über die Vergangenheit oder die Zukunft.

Woher kommt das Ich?

F: Wenn es also kein »Ich« gibt, wie bin ich dann an dieses »Ich« gekommen?

Lisa: Ich werde dir meine Erklärung geben, aber letztendlich versagen alle Worte.

Wenn wir uns die Tiere anschauen, können wir erkennen, was es bedeutet, kein Empfinden des Selbst zu besitzen. Tiere gehen nicht davon aus, ein Körper zu sein oder Emotionen oder Gedanken. Sie verfügen über kein Bewusstsein des Selbst. Was Tiere erfahren, ist reine Lebendigkeit und das, was gerade geschieht. Für sie gibt es keine innere und äußere Welt. Weil sie kein Empfinden von Selbst haben, leiden sie nicht.

Was mit den Menschen passierte, ist, dass sie begannen, sich kompliziertes Denken anzueignen und eine (scheinbare) Zeitspanne miteinzubeziehen.

Tiere besitzen zwar ein Empfinden von Zeit, doch sie verstehen sie nicht wirklich. Menschen fingen an, die Handlungen des Körpers in Zeiteinheiten zu beschreiben, Tiere haben dagegen eine eher instinktive Wahrnehmung von Zeit.

Wohin ich gehe und was ich getan habe, spielt sich

nur innerhalb der Zeit ab. Als das komplizierte Denken der Menschen sich immer mehr durchsetzte, gewann auch jenes scheinbar separate Wesen an Bedeutung, das in den Vorstellungen von Vergangenheit und Zukunft lebt.

Anstatt dass die Zeit nur dann erschien, wenn man sie für das normale Funktionieren benötigte, wurde sie zu einem Schleier oder Filter. Und plötzlich sah man das Leben nicht mehr so, wie es war. Stattdessen sah man es durch den Filter der Zeit und das Leben drehte sich um ein »Ich« in der Zeit, das in einer Beziehung zum Leben steht.

Vor dem Aufkommen der komplizierten Sprache gab es kein »Ich«. Es gab nur *Leben*, nicht »Ich in einer Geschichte des Lebens«.

Was du bist, ist die ursprüngliche Lebendigkeit, dieses Sein, das vor der »Ich«-Geschichte existierte. Es war bei deiner Geburt bereits anwesend, bevor die ganze Erzählung vom »Ich« begann.

Das ist die Freiheit, auf die ich hinweise – die schon immer hier war.

Diese Lebendigkeit, die vor dem »Ich bin der Körper« kam, ist stets präsent gewesen.

Die »Ich«-Person glaubt, sie sei die Geschichte und alles Leiden geschähe im zeitlichen Ablauf dieser

Geschichte. All die Befürchtungen, die Sorgen, die Vorwürfe, die Schuld, die Scham und der Stolz ... das ist es, was innerhalb der Zeit geschieht.

In diesem Moment, in dieser Lebendigkeit, gibt es kein Leiden. Leiden existiert nur in einer mentalen und konzeptionellen Realität.

Die Tiere erfahren Schmerz, aber es ist niemand in ihnen, der an diesem Schmerz festhält. Der Schmerz kommt und geht wieder und die Freude kommt und geht. Die Tiere verlangen nicht nach einem besseren Zustand, weil sie kein Empfinden von Selbst besitzen.

Das »Ich« existiert nur als konzeptionelle Vorstellung eines Selbst. Du bist nicht der Körper. Du bist nicht dein vergangenes oder zukünftiges Handeln.

Da ist diese Lebendigkeit, die immer anwesend ist. Sie ist gleichzeitig frei, unbewegt und in Bewegung. Es gibt einen Aspekt in ihr, der Stille ist. Sie ist Leere. Du hast vielleicht im Buddhismus oder anderen Traditionen von dieser »leeren Stille« gehört.

F: So werden wir also durch Symbole betrogen?

Lisa: Nein, nicht du. Du wirst nicht betrogen, »du« bist der Betrug. Das »Du« ist die Lüge, denn wer bist du? Welches einzelne Ding könntest du behaupten zu sein?

Das Einzige, was es gibt, ist Lebendigkeit und die können wir nicht finden. Sie ist überall und nirgendwo.

F: Das Bewusstsein erschafft die Fähigkeit, in Symbolen wahrzunehmen oder zu abstrahieren, oder?

Lisa: Ja, es erschafft die Fähigkeit zu träumen. Es erschafft Träume. Ich nehme an, mit Bewusstsein meinst du das, was ich Lebendigkeit nenne.

F: In dem Moment, in dem die Fähigkeit zu abstrahieren besteht, wird die Realität gegen das Symbol ausgetauscht und das Bewusstsein beginnt, an Symbole und Töne zu glauben und lebt darin, während es die Realität einfach verloren hat?

Lisa: Es verliert sie eigentlich nicht; es wird nicht einmal berührt.

Das ist so, als würdest du einen Film laufen lassen. Du bist niemals im Film selbst verloren. Da spielt dieser Film und das ist alles, was es gibt – der sich abspielende Film. Wir sagen von uns selbst, wir gingen darin verloren, aber du gehst niemals darin verloren. Das Bewusstsein geht nie wirklich in etwas verloren. Es erschafft nur diesen Traum, der sehr kraftvoll und aufregend ist. Bewusstsein kann nicht verloren gehen. Lebendigkeit kann nicht verloren gehen. Lebendigkeit ist das, was es erschafft. Und es fühlt sich wahrhaft real an – aber für niemanden.

F: Dann ist die Lebendigkeit das einzig Reale?

Lisa: »Real« ist ein komisches Wort. Die Konstante ist Lebendigkeit. Die Konstante ist Sein. Da ist Sein und alle Formen bewegen sich im Sein. Ich weiß nicht wirklich, was real oder irreal oder Wahrheit oder keine Wahrheit ist.

F: Welche Rolle spielt darin die Zeit?

Lisa: Zeit ist etwas, das sich erhebt – was ein Funktionieren darstellt. Wenn die Zeit benötigt wird, damit etwas funktionieren kann, erhebt sie sich, und dann ist sie wieder verschwunden. Zeit ist für den, der sie wahrnimmt, subjektiv. Zeit ist unterschiedlich für ein Kind, für eine ältere Person, für eine geistig behinderte Person. Sie ist subjektiv. Sie ist in Bewegung, sie kommt und geht.

Die eigentliche Frage ist: In was erscheint und verschwindet die Zeit?

Im *Nichts*, welches ohne Zeit ist.

Wunderschön ...

Die Quelle des Persönlichen

F: Was ist die Quelle dieses energetischen Ausdrucks des Persönlichen? Und warum kann sie so kraftvoll sein, wenn sie nur eingebildet ist? Und warum befindet sie sich an einer bestimmten Stelle – nämlich hier, im Gegensatz zu dort?

Lisa: Die Quelle von allem wird man niemals kennen; es gibt nur die Quelle. Alles, was es gibt, ist Gott, sich selbst erfahrend durch das scheinbare Getrenntsein der Objekte.

Was die Quelle von allem ist? *Alles* und *Nichts*. Nicht ein einziges Ding ... und jedes Ding. Du kannst niemals außerhalb des Ganzen stehen und den Blick darauf richten, um zu erkennen, was es ist. Da ist nur die Quelle und sie ist kein bestimmbares »Etwas«.

Die energetische Verdichtung ist ein Teil dieses Ausdrucks der Quelle. Sie ist nicht von diesem Ausdruck getrennt. Trennung existiert nicht wirklich, sie erscheint nur in dieser Weise. Trennung fühlt sich sehr real an, weil sie dafür entworfen wurde, sich so anzufühlen. Sie wurde geschaffen, um den Eindruck eines »Jemand« zu vermitteln, der separat vom Leben existiert. Diese separate Person gibt es nicht. Was existiert, ist *Dies*, was ist: die Töne, die Gerüche, das Sehen, die Gefühle und so weiter.

In der ersten Abstraktion, die in gewisser Weise nicht einmal eine Abstraktion ist, liegt dieses »Ich erlebe das« statt des einfachen puren Erlebens – ohne ein »Ich«. Die Abstraktion erhebt sich *im* Erleben.

Sie ist nicht falsch und muss nicht abgelehnt werden. Es handelt sich lediglich um eine Beschreibung dessen, was zu geschehen scheint. Diese Beschreibung ist nicht, wer du bist.

Um eine Erfahrung zu machen, muss es ein Objekt geben, das erfahren werden kann. Alles, was es gibt, ist Erleben. Und das ist so nah, so intim, dass zwischen dem Erleben und seinen Objekten keine Trennung existiert – sie sind ein und dasselbe. Es gibt nur Erleben.

Alles, was sich im Denken abspielt, ist hypothetisch; das bedeutet: Da ist Wissen, aber ebenso Nichtwissen. Da ist ein Wahrnehmen des Erlebens, aber nichts, was im Denken durchschaut werden kann.

Wir werden niemals wissen, wer wir sind oder warum es geschieht oder wie wir die energetische

Verdichtung loswerden können. Das alles liegt im Reich der Fantasie; es ist Theorie. Das einzige, was jemals erkannt werden kann, ist das Erleben – pur, einfach und unmittelbar.

Die Beschreibung dessen, was geschieht, stellt nur die Art und Weise dar, in der eine scheinbare Person beschreibt, was in der Lebendigkeit auftaucht. Die scheinbare Person ist lediglich *eine* Form des Ausdrucks. Es gibt Milliarden Formen des Ausdrucks und das alles ist, was ist.

Nichts davon ist jemals persönlich.

Der Zweck des »Ich«

F: Mir scheint, dass es für den Geist vergnüglicher ist, nach etwas zu streben und zu glauben, ich würde irgendwo ankommen.

Lisa: Ja, absolut! Aber in jener Welt des Träumens und der Idee, irgendwo anzukommen, wird immer auch das Nichtankommen präsent sein. Es ist Teil beider Geschichten, der Höhen und der Tiefen, des Erreichens und des Verlierens, denn die Welt befindet sich in ständiger Bewegung. Du eroberst den Liebhaber, und dann ist er wieder fort. Du kaufst das beste Auto und irgendwann rostet es.

Dies hier ist ein riesiger Verlust, die vollständige Preisgabe des Träumens und Hoffens, dass du letztendlich ankommen wirst. All das Sehnen, diese Dinge zu erlangen – und sie dann zu verlieren ... das alles ist vergänglich.

Hier geht es darum, deinen besten Freund *und* deinen schlimmsten Feind zu verlieren.

F: Stimmt es also, dass das »Ich« seinen Zweck verloren hat, wenn es die Suche beendet?

Lisa: Ja, und das hasst es total.

F: Gut, dann gibt es wirklich nichts mehr zu tun.

Lisa: Man kann nirgendwo hingehen, weil es nicht einmal ein »Ich« gibt, das irgendwo hingeht. Es gibt nur Formen, die erscheinen und verschwinden.

Es ist in gewisser Weise unspektakulär, aber trotzdem dramatisch, weil sich die Formen ständig bewegen. Es ist schrecklich, weil man nirgendwo hinkann, sofern man es sich nicht einbildet. Man kann nirgends hin und es gibt keine Zukunft.

Das endet im Nichts. In absoluter Bedeutungslosigkeit.

Was für eine Liebe!

Selbstliebe

F: Ich hatte eine Eingebung, dass ich in das Advaita- und Befreiungsding hineingeraten bin, weil ich solch eine Abneigung gegen meine Persönlichkeit habe. Ich wollte sie wirklich loswerden, weil ich sie hasste.

Nachdem ich dir letzten Mittwoch zugehört hatte, wurde mir klar, dass »gut« und »böse« gleichermaßen geliebt werden. Ich konnte tatsächlich die Wahrheit darin spüren, denn das erste Mal in meinem Leben habe ich mich so erleichtert gefühlt.

Ich beginne jetzt, diese Persönlichkeit zu mögen und sie mit Liebe und Respekt zu behandeln, statt zu versuchen, sie umzubringen und zu irgendeinem vorgestellten befreiten Zustand zu gelangen, den ich mir ausmale. Ich danke dir so sehr! Deine Worte haben mir gut getan.

Lisa: Ja, die meisten Leute versuchen, sich selbst auszuweichen, bis sie realisieren, dass es darum geht, sich absolut in sich selbst zu verlieben. Bis zu dem Punkt, an dem du dich so sehr liebst, dass du in dem, was du liebst, verschwindest.

Derjenige, der sich verliebt, verschwindet in dieser Liebe. Die meiste Zeit sagen die Leute Sachen, wie: »Das ist übel. Ich muss das Ego loswerden.«

Hier geht es darum, diese Person total zu lieben, wie sie ist.

Tägliches Leben

F: Wie funktionierst du im täglichen Leben, wenn es nichts zu erreichen gibt? Sind die Reaktionen mehr ein Fluss oder Tanz, im Unterschied zu einem Bedürfnis oder Wollen?

Lisa: Der Körper tut es einfach. Er ist darauf eingerichtet, Nahrung und Schutz zu suchen – die materiellen Dinge. Er sorgt für sich selbst.

F: Stellst du fest, dass, je mehr du die Dinge laufen lässt, der Körper umso müheloser zum nächsten Ereignis gelangt?

Lisa: Das ist es, was bei mir zu passieren scheint, doch ich weiß nicht, wie es bei anderen aussieht, bei denen das scheinbare »Ich« weggefallen ist. Sie mögen leichtere oder problematischere Leben haben.

Mein Leben ist leicht. Aber es mag Leute geben, die mein Leben für furchtbar halten, weil ich beispielsweise kein Haus habe. Geld kommt. Da ist kein »Ich«, das sich auf den Weg macht und anstrebt, Dinge zu erlangen. Es geschieht einfach.

F: Wie sieht es mit Plänen aus? Du planst wirklich nicht?

Lisa: Ja, Dinge werden geplant, aber da war nie ein »Ich«, das es tat. Wir sind so überzeugt, dass es eine Handlung gibt und wir sie kontrollieren.

Gerade jetzt bewegt sich die Hand, aber niemand bewegt sie. Alles funktioniert auf diese Weise. So wird das Geld erworben, so gelingt das Autofahren und so funktionieren die Beziehungen. Alles geschieht einfach.

Wir haben geradezu Qualen durchlitten, um an Geld zu kommen, doch das hat niemals das »Ich« getan. Der Körper hat es getan.

Mein Leben ist jetzt einfach, aber ich bin sicher, dass eine Menge Leute aus dem Westen denken: »Wie furchtbar! Sie hat keine Altersversorgung oder ein Zuhause oder irgendeine Sicherheit.«

F: Dann sagst du also, du triffst keinerlei Wahl?

Lisa: Wahl geschieht immer, aber da ist kein »Jemand«, der wählt. Wahl erscheint aus der Leere. Als ich ein Kind war, lief ich und sagte: »Schau mal, die Beine laufen!« Das hat mich sehr erstaunt.

Unbehaglich ist es geworden, weil ein Kampf stattfindet, gegen das, was geschieht. Die Mühsal widerfährt demjenigen, der überzeugt ist, die Kontrolle zu besitzen, und der denkt, er würde das Leben »tun«.

Die Vorstellung, diese Kontrolle aufzugeben, ist für das »Ich« äußerst beängstigend.

Das »Ich« macht dich nicht reich und das »Ich« macht dich nicht arm. Was geschieht, ist einfach nur das, was das Leben tut. Kein »Ich« hat je irgendetwas getan – niemals!

Der Psychopath unterscheidet sich überhaupt nicht vom Heiligen.

F: Dann ist also jeder unschuldig?

Lisa: Ja, aber das würde voraussetzen, es gäbe etwas, mit dem man Unschuld vergleichen könnte. Sie ist nur, was ist.

F: Also bin ich kein schlechter Mensch, aber auch kein guter Mensch?

Lisa: Richtig. Die meisten von uns bevorzugen den Gedanken, ein guter Mensch zu sein.

F: Es gibt demnach keine großen Künstler oder Musiker. Sie sind nur das, was geschieht?

Lisa: Ja. Wenn du an das Singen denkst, wie erzeugst du einen Ton? Wie erzeugen wir irgendeinen Ton?

Missbrauch

F: Ich wurde von meinem Vater verbal und sexuell missbraucht. Es ist sehr schwer für mich, ihm gegenüberzutreten, aber manchmal lässt es sich nicht vermeiden.

Ständig denke ich darüber nach, wie ich den Schmerz in mir stillen könnte. Ich habe eine Menge Therapien und Behandlungen ausprobiert, doch der Schmerz kommt immer wieder. Oft denke ich, ich müsste ihn heilen, indem ich mit meinem Vater rede und ihm klarmache, was er mir angetan hat.

Es fühlt sich aber nicht so an, als könnte ich ihn dazu bewegen, innezuhalten oder mich bei der Heilung zu unterstützen. Er spricht oft in einem sehr aggressiven Ton zu mir oder macht mich herunter. Ich erstarre, wenn er so ist, und im Inneren tut es so weh.

Das Leiden wird danach sogar noch schlimmer, wenn ich versuche, in meinem Geist die richtigen Worte zu finden, um ihn davon abzuhalten, das zu tun. Alles, was passiert, wenn er das macht, ist, dass ich erstarre und verstumme und den Schmerz in mir spüre.

Könntest du das verkraften? Wie würdest du damit umgehen?

Lisa: Ich bin am wenigsten geeignet für diese Art von Fragen. Das letzte Mal, als dieses Thema aufkam, habe ich jede Menge wütender E-Mails bekommen.

Du leidest nicht wegen dem, was dein Vater tut, du leidest wegen dir. Um es klarer zu sagen: Das Leiden ist da, weil die »Ich-Energie« es vereinnahmt.

Du kannst das Leben nicht reparieren. Leben ist eine Aneinanderreihung von Schmerz und Freude; es vollführt seinen kleinen Tanz und ist total unfair.

Einige Dinge, die das Leben tut, sind grausam. Und einige Dinge sind schön. Daraus wird man nie entkommen, aus dieser Grausamkeit oder Schönheit.

Aber, ob du es glaubst oder nicht, das ist nicht das Problem. Das Problem ist diejenige, die es für sich vereinnahmt; diejenige, die glaubt, dass dein Vater dich sexuell missbraucht hat und er sich *entschied,* das zu tun.

F: Also bin ich die Täterin *und* das Opfer?

Lisa: Nicht »du« als die Geschichte oder die Person, aber als Lebendigkeit. Die Person wurde missbraucht. Eine Person missbraucht eine andere Person. Das alles ist Leben.

Das Leiden geht mit der Energie einher, die es persönlich nimmt, die dem Schmerz zu entfliehen versucht und die dem Gefühl »Er hat mich missbraucht« ausweichen will.

Von Natur aus geht der Körper schmerzhaften Situationen aus dem Weg. Der Körper meidet natürlicherweise jemanden, der ihn schlägt. Außer, es gibt eine »Ich-Energie«, die sagt: »Ich sollte diese Prügel bekommen. Ich bin schuldig, ich verdiene sie.«

Wenn jemand mit einem Stock droht, reagiert der Körper normalerweise automatisch. Wenn der Vater-Körper dauernd den Tochter-Körper verletzt, würde der Tochter-Körper sich aus der Situation entfernen. Aber es bist nicht du, die sich dafür entscheidet. Wenn die persönliche Identität das Geschehen vereinnahmt, kommt es oft nicht dazu.

Ob du es glaubst oder nicht: Wahrscheinlich existiert eine Energie in dieser Geschichte, die sich daraus nährt. Das »Ich« ernährt sich von dieser Geschichte, es ist süchtig nach der Geschichte, die Missbrauchte und das Opfer zu sein. Die Erstarrte zu sein.

Es ist sehr unangenehm und sehr schmerzhaft und bringt jede Menge Leiden mit sich, aber es ist lebendig. Die Person ist lebendig, nennt ein Drama ihr Eigen und hat etwas, vor dem sie fortlaufen kann. Es ist eine Energie, die es zu lösen gilt und die ihr einen Schuldigen gibt – eine Richtung.

F: Die Geschichte ist, dass ich es ändern und einen liebevollen Vater haben will.

Lisa: Der Vater ist, wie der Vater ist. Freiheit liegt nicht in dem, was du von der Zukunft erwartest. Freiheit ist hier. Genau hier gibt es keinen gewalttätigen Vater und es gibt kein Opfer. Es gibt keinen Vater, der dich nicht liebt, oder einen Vater, der dich liebt. Genau hier gibt es nur Freiheit.

Der Lauf der Dinge kann nicht anders sein. Im Lauf der Dinge ist der Vater, der seine Tochter misshandelt, das, was geschieht. Die »Ich-Energie« sagt: »Ich will einen liebevollen Vater und ich werde so lange hier ausharren, bis er mich liebt.« Das ist unmöglich. Es ist, wie es ist. Die Persönlichkeit ist, wie sie ist.

Das perfekte Leben dreht sich nicht darum, Eltern zu haben, die dich beide lieben. Glück bedeutet nicht, dass der Fluss des Lebens in eine bestimmte Richtung fließt. Der Fluss des Lebens tut, was er tut. Freiheit ist das Ende derjenigen, die es persönlich nimmt. Die Freiheit ist hier, diese Lebendigkeit, diese Stille und diese Unbewegtheit.

F: Dann würdest du nicht versuchen, mit dem sogenannten Vater-Körper zu reden?

Lisa: Was auch immer geschieht, geschieht. Schau dir an, wie du versuchst, es zu planen, in dieser konzeptionellen Realität zu leben. Das ist das Leiden. Du kannst das Leben nicht planen. Es ist, wie es ist – das ist die Freiheit.

F: Höchstwahrscheinlich wird es wieder passieren und ich möchte, dass es etwas gibt, was ich tun kann.

Lisa: Ja, dann wirst du über etwas nachdenken, was du tun kannst, und wahrscheinlich wird der Körper es auch tun.

Freiheit dreht sich nicht darum, dass du etwas tust; es geht nicht um »dich«.

Wonach du suchst, ist *Dies*, was ist – die Vertrautheit, die darin liegt. Aber nicht, davon zu träumen, dass du die Welt oder deinen Vater oder dich selbst veränderst. Der Gedanke »Wenn ich mich ihm widersetze« wird dir nicht geben, was du willst.

F: Kann im Missbrauch Freiheit sein, während er geschieht?

Lisa: Ja! Ja, andernfalls wäre es keine Freiheit. Es wäre keine Freiheit, wenn sie nur in friedlichen Situationen gefunden werden könnte. Wovon ich spreche, ist *absolute* Freiheit, keine Freiheit, die lediglich in harmlosen, perfekten Momenten existiert.

Es tut mir leid ... Warum muss diese junge Frau hier diejenige sein, die das alles sagt?

F: Nein, ich danke dir. Es ist wunderbar, dass du es sagst. Und irgendwie weiß ich es auch, aber es tut gut, es zu hören.

Lisa: Nur wenige Leute würden so mit dir sprechen. Die meisten würden hier sitzen und sagen: »Das ist furchtbar!« Sie würden deine Geschichte unterstützen ... dass du ein Opfer bist und ein schreckliches Leben hattest; dass du es mit deinem Vater klären und ihm vergeben musst; und dass du ihm bewusst machen musst, dass er etwas Falsches getan hat.

Worüber hier gesprochen wird, ist die Freiheit in jeder Situation – egal, was geschieht. Es geht nicht darum, dass du die Zukunft in Ordnung bringst.
Die Freiheit ist genau hier, in diesem grenzenlosen Sein. Es gibt sie in schlimmster Folter, im Mörder, im

Krieg, im Pädophilen – in allem existiert diese Freiheit. Auch für den Täter gibt es die Freiheit. Nichts ist ausgeschlossen von Gott.

Freiheit wird nicht gefunden, indem du deine Gefühle loslässt oder indem du dir vorstellst, wie du in der Zukunft anders handeln wirst. Das wäre es, was Therapien sagen würden und was die Geschichte nur bekräftigt.

Die Freiheit ist jetzt, im Gesang der Vögel, im Licht, im Computer, im Summen, im Geschmack des Tees.

Alles bist du

F: Neulich war da diese Frau, die bei mir saß, während ich für etwa zwanzig Minuten meinen Gefühlen freien Lauf ließ. Sie sagte gar nichts, sie sah mich einfach an und in ihrem Blick war diese Liebe, die mir zu fühlen erlaubte, was ich fühlte.

Als ich das erste Mal ein Video von dir anschaute, erinnerten deine Augen mich an ihre. Als sie mich ansah, war es, als würde mein Herz in ihrer Liebe schmelzen.

Lisa: Es war nicht »ihre« Liebe, denn es gibt nichts außerhalb von dir. Das »Ich« brach in dem Moment zusammen und die Liebe wurde erfahren. Und dann sagtest du: »Es ist in ihren Augen.«

Es ist immer deine Liebe gewesen. Auch als du in meine Augen schautest.

F: War es, weil sie in meine schaute?

Lisa: Nein, nein, es gibt keine »Sie«. Was in dem Moment geschah, war, dass das »Ich« in sich zusammenfiel, und dann war da Liebe. Du hast es als ihre Liebe in ihren Augen interpretiert.
Es warst immer du. Es konnte nicht die Liebe eines

anderen gewesen sein und auch nicht du als Person –
nichts Begrenztes.

Es bist du als Lebendigkeit oder als Sein. Nichts existiert außerhalb davon. Du hast einfach nur geglaubt,
es in einer Form zu erkennen, aber es bist immer du
gewesen.

F: Das ist wunderschön, oder?

Lisa: Ja, so schön. Alles, in das du dich jemals verliebt
hast, bist du.

F: Wir verbringen so viele Jahre damit, den perfekten
Freund oder etwas anderes Perfektes zu finden, und
es ist schon immer hier gewesen?

Lisa: All diese Formen kommen und gehen ... und
kommen und gehen. Alle. Du kannst es nie in einer
Form finden, denn es ist ihre Natur, zu kommen und
zu gehen. Es gibt keine Formen. Deshalb verändern
sie sich ständig.

F: Das ist wirklich schön.

Lisa: Es ist wirklich schön, obwohl es manchmal
nihilistisch klingen kann.

Es ist eine absolute Liebesgeschichte, wenn die Person, die in allen Dingen einen Sinn sucht, wegzufallen beginnt. Das ist wie die Tafel, die du als Kind hattest. Du malst darauf und dann wird alles für immer ausradiert.

F: Manchmal spüre ich eine absolute Verbundenheit mit meiner Katze. Bei Menschen scheine ich Grenzen setzen zu müssen, wenn ich dieses Getrenntsein empfinde.

Lisa: Du bist es nie, die das macht. Es geschieht von selbst. Es hat nichts mit dir zu tun. Du musst keine Grenzen verteidigen. Du musst nicht einmal auf dich selbst aufpassen. Der Drang und die Impulse agieren bereits im Körper, bevor du die passende Geschichte dazu erfindest.

F: Der Körper weiß in dem Moment also schon, was zu tun ist?

Lisa: Ja, immer. Er weiß, was getan werden muss. Die Frage ist: »Wer ist derjenige, der die Impulse in den Körper bringt?« Das ist die erstaunlichste Sache dabei. Der Geschichtenerzähler kommt erst später. Man kann mittlerweile den Körper ausmessen und erkennen, dass die Aktivität des Entscheidens bereits abläuft, bevor du bewusst darüber nachdenkst, dich zu entscheiden. Es ist erstaunlich, dass der Gedanke *nach* dem Geschehen auftaucht.

Wir sind so überzeugt davon, was wir sind, und dass wir entscheiden, obwohl die Identifikation damit lediglich einen Nebeneffekt darstellt – wie eine überspannte Aktivität des Gehirns oder eine Energie, die auf die Dinge Anspruch erhebt.

Du musst nie Grenzen aufbauen – Grenzen werden erscheinen. Während du dasitzt und denkst: »Soll ich ihm 'Nein' sagen oder soll ich ihm 'Ja' sagen?«, ist es bereits entschieden. Es geschieht schon im Körper. Die Antwort ist bereits auf dem Weg.

Die persönliche Aktivität ist absolut nutzlos.

Vergangenheit und Zukunft

F: Mir sind in letzter Zeit ein paar Dinge aufgefallen. Beispielsweise dass wir voraussetzen, es gäbe außerhalb des Denkens so etwas wie Vergangenheit oder Zukunft. Mir wurde klar, dass das Leben oder die Existenz immer nur gegenwärtig sein kann. Da ist niemals eine Erinnerung – und wen sollte es auch geben, der eine Erinnerung besitzt? Auf wen bezieht sich Erinnerung?

Ebenso die Tatsache, dass jeder und alles innerhalb des Bewusstseins erscheint. Demnach kann die Vorstellung nicht wahr sein, dass wir zur Arbeit gehen und hinter uns ein Haus und eine Familie zurückbleiben, die weiterhin unabhängig existieren. Wie könnte es ein »hinter uns« geben? Es gibt, was jetzt erscheint – nur das. Das Leben ist so viel einfacher, als das Denken es aussehen lässt.

Lisa: Ganz sicher. Und für die Tiere und die kleinen Kinder oder Babys ist das alles, was es gibt. Da ist nur das, was geschieht, und sie sind nicht ständig in dieser anderen Realität, die mittels Vergangenheit und Zukunft rekonstruiert wird: Was ich tun werde, was ich unterlassen habe, ich bin eine schlechte Person oder eine gute Person oder ich habe ein zu kleines

Haus – was auch immer es sein mag. Es geht nur um das, was geschieht, und im Leben liegt kein Leiden. Im Jetzt leidet nichts. Leiden ereignet sich nur in der Zeit. Und sogar dieses »in der Zeit« geschieht hier – es passiert nicht wirklich in der Zeit. Da ist lediglich ein Anschein von Zeit, von Vergangenheit und Zukunft. »Ich habe etwas Falsches getan, ich bin schuldig« ... das bringt eine Energie mit sich von »Ich bin ein böser Mensch«, »Ich mag sie nicht«, »Sie dürfen das nicht tun«.

Das alles liegt innerhalb der Zeit.

Wenn ein Hund wütend wird oder ein anderer Hund ihn ärgert, dann knurrt er nur und hat keinen Sinn dafür, ob er das tun oder nicht tun sollte oder ob er die Gefühle des anderen Hundes verletzen könnte – oder was auch immer. Es gibt nur das, was im Moment geschieht.

Bei den Menschen kam es dazu, dass sie sich selbst als Vergangenheit und Zukunft empfinden oder als eine Person aus der Vergangenheit und eine Person, die sich auf die Zukunft zubewegt.

Es ist nichts verkehrt an der Tatsache, dass Menschen den Tanz von Vergangenheit und Zukunft verstehen können, aber das ist nicht, wer du bist.

Vergangenheit und Zukunft erheben sich immer aus dem Jetzt. Es ist nicht so, als gäbe es Jetzt *wegen* der Vergangenheit und Zukunft. Das ist es jedoch, was unser Geist annimmt – eine sehr simple Denkweise. Menschen glauben, sie seien so intelligent, aber diese Art des Denkens ist sehr einfältig.

Manchmal glaube ich, je intellektueller Leute sind, desto dümmer sind sie, und die schlichteren Leute sind die weniger dummen.

Intelligenz wird weit überschätzt ... weit überschätzt in unserer Gesellschaft.

Es ist urkomisch, denn in der Non-Dualität wird Intelligenz auch hochgehalten. Sie wird in der Gesellschaft hochgehalten – dort ist Intelligenz das Größte –, aber ebenso wird sie in der Non-Dualität hochgeschätzt. Es ist aber diese Art von »intelligentem Denken«, das eine falsche Welt erschaffen hat, ein falsches »Du« und ein falsches »Ich«.

Was kann ich tun?

F: Ich weiß, dass du sagst, es gäbe nichts zu tun, aber ich muss diese Frage trotzdem stellen: Gibt es irgendetwas, das ich tun kann? So etwas wie die »Wer bin ich?«-Übung?

Ich meine, unterscheidet sich, was du sagst, irgendwie von dieser Übung? Und ist es überhaupt das, was du sagst: Es gibt nichts, was ich tun könnte?

Lisa: Hast du mich das jemals sagen hören? Mag sein ... ich weiß es nicht.

Was ich in Frage stelle, ist die Glaubwürdigkeit desjenigen, der vorschlägt: »Lass uns losgehen und für die Zukunft etwas Besseres als das hier finden.«

Es mag sich zwar so anhören, als würde ich damit behaupten, es gäbe nichts zu tun, aber so direkt sage ich das eigentlich nie.

Wozu ich tendiere, ist, das »Ich« in Frage zu stellen, das denkt, der Macher des Lebens und seiner Handlungen zu sein – und der Richtung, in die es sich zu bewegen glaubt.

Falls die »Wer bin ich?«-Frage auftaucht, dann ist sie das, was auftaucht.

Die Annahme: »Sie wird irgendwo hinführen, wo

in der Zukunft die Vollendung wartet«, ist die Lüge. Die Zukunft stellt nur eine Mutmaßung dar. Was ist, ist *Dies*.

F: Also, ich dachte mir, dass alles richtig ist, was geschieht. Ob ich einen Lehrer finde, der mir empfiehlt, die Frage »Wer bin ich?« zu stellen, oder jemanden, der das »Ich« anzweifelt ... sie beide stoßen mich in die totale Frustration. Je rascher ich in diesem Zustand der Frustration lande, desto besser.

Lisa: Das ist so süß! Aber alles, was du gerade gesagt hast, versucht wieder, zu verstehen.

Letztendlich ist alles ein Mysterium. Das einzig Existierende ist *Dies* – was ist.

Du hast eine Theorie, aber sie ist nicht wahr, sie kann es niemals sein, es bleibt immer eine Theorie – Worte, die zusammengefügt werden und scheinbaren Sinn ergeben.

Eine Frage, die Lisa offenbar recht häufig stellt, ist die Frage, wer dieses »Ich« sein soll und was dieses »Ich« zu wissen glaubt. Ob es zu Frustration führt, dazu, dass sich jemand empört abwendet, oder zu Seligkeit, zu Lachen oder zum Zusammenfallen des »Ich«, kann man nicht voraussehen.

Nicht-Handeln

F: Es fühlt sich an, als würde ich etwas falsch machen.

Lisa: Du kannst das Leben niemals »falsch machen«. Leben gehört nicht zu einem »Jemand« in der Zeit. Es ereignet sich und da ist diese Energie, dieses Extra-stück, das das Leben spielt, eine Energie der Vereinnahmung des Lebens: »Ich entscheide. Ich mache.«

F: Durch dich, Lisa, kommen oft Aussagen, wie: »Es kann in der Geschichte geschrieben stehen, dass mein Partner mich unterstützt oder mir den Geldhahn zudreht. Es ist alles Gottes Wille, es ist nur das, was geschrieben steht.« Kannst du darüber etwas mehr sagen?

Lisa: Als ich erstmals über diese Dinge zu sprechen begann, gab es noch eine ganze Menge an Sprache, die von Ramesh Balsekar oder Advaita stammte, Ausdrücke wie: »Gottes Wille«.

Ramana Maharshi oder Ramesh haben oft den Ausdruck »Gottes Wille« benutzt. Ich habe aufgehört, ihn zu verwenden, weil es anfängt, sehr verwirrend zu werden.

Was ich meine, ist, dass »Gottes Wille« oder

die Leere oder das Leben einfach nur das sind, was
geschieht.

F: Ich habe in etlichen Büchern gelesen: »Es ist nur
das, was geschrieben steht. Handlung geschieht, weil
es geschrieben steht.« Das kommt bei mir so an, als
ob es ein Stück weit Schicksal wäre.

Lisa: Im indischen Advaita und in der Non-Dualität werden viele dieser Aussagen verwendet, die sehr
unterschiedliche Bedeutungen haben können –
anders, als wir sie im Westen interpretieren würden.
Dabei gibt es kein Schicksal oder etwas, das »geschrieben steht«, denn da ist niemand, der es schreibt.

Es will lediglich darauf hindeuten, dass derjenige, der glaubt, das Leben zu »tun«, nicht derjenige ist, der es erschafft. »Es wird geschehen« soll
heißen, dass die Geschichte sich stets so entfaltet,
wie es ihr eigen ist. Die Geschichte tritt im *Jetzt*
spontan in Erscheinung, sie wurde nicht bereits
geschrieben.

Alles in der »Ich-Geschichte« entsteht jetzt. Es
ist nicht so, als wäre es jemals geschehen. All die
Ideen von »Ich« ereignen sich jetzt. Niemals in der
Zukunft. Alle Ideen der Vergangenheit entstehen
jetzt. Alles erscheint spontan im Jetzt.

Ramesh benutzte das Wort Schicksal, aber für ihn bezog sich »Schicksal« nicht so sehr auf die Zukunft. Es war mehr ein Infragestellen der Idee, dass du der Schöpfer der Geschichte bist, dass du der Handelnde bist. Was er sagte, unterschied sich deutlich von der Art, wie Non-Dualität im Westen verstanden wird – insbesondere in Bezug auf Worte wie »Gott«.

Ich liebe das Wort »Gott«, aber ich verwende es nicht mehr so häufig, denn im Westen kann das verwirrend sein. Ramesh nannte das alles »Gott«.

Worauf Ramesh ganz besonders hinweist, ist das »Nicht-Handeln« desjenigen, der glaubt, er würde sein Leben kontrollieren und prägen, seine Zukunft prägen und für die Zukunft arbeiten. Nicht sehr viele Lehrer setzen sich damit auseinander. Die meisten Lehrer reden so, als besäße jemand die Kontrolle.

Mir scheint das aber der wichtigste Aspekt der Non-Dualität zu sein, denn wenn jemand das Leben kontrolliert, bedeutet es Trennung oder Dualität. Eine Menge Lehrer vermeiden dieses Thema.

Die Art und Weise, wie ich es sehe, ist, dass es einen Anschein von Wahl gibt, aber niemand existiert, der wählt. Es mag ein Gedanke auftauchen, der sagt: »Ich werde Apfelsaft statt Orangensaft nehmen«, aber da ist überhaupt niemand, der diese Auswahl trifft.

Verlustprogramm

F: Hast du den »*Kurs in Wundern*« gelesen? Wie ist deine Meinung dazu?

Lisa: Den »*Kurs in Wundern*« habe ich nicht gelesen, weiß aber ein wenig darüber. Ich denke, da sind einige nette Sachen drin, die jedoch ziemlich den Verstand ermutigen – was nicht notwendigerweise gut oder schlecht sein muss. Höchstwahrscheinlich wird sich der Geist auf das intellektuelle Verständnis fokussieren, aber es liegt nun mal nicht im Verstehen.

Der Kurs bietet eine Menge Konzepte an, die der Verstand erfasst und wonach er denken kann, er hätte etwas begriffen und etwas erreicht und sei irgendwo angekommen.

Die Non-Dualität ist ein absolutes Verlust-Programm. Es geht dabei wirklich nicht um das intellektuelle Verständnis – das meint nur der Geist –, sondern um den Verlust all dieser Vorstellungen, wer und was du zu sein glaubst, bis nur noch ein unergründliches Geheimnis übrig bleibt. Es dreht sich nicht einmal um die Idee, dass du achtsam bist oder bewusst oder alles durchschaust – sogar das sind lediglich Vorstellungen. Es bleibt einfach ein Mysterium.

Es gibt nur das, was ist. Es gibt noch nicht einmal jemanden, der sich des Beobachtens bewusst wird, oder etwas, das beobachtet. Das würde immer noch bedeuten, etwas zu wissen, wäre noch immer eine Trennung. Es geht um den Zusammenbruch jeder Idee.

Der »*Kurs in Wundern*« enthält eine Menge Ideen. Ich denke, er sagt es auf sehr einfache Weise – sie fassen am Anfang des Buches alles in zwei Sätzen zusammen – und dann wurde es weitergeführt und es entstand ein sehr umfangreiches Werk darüber.

Das Buch enthält Übungen und der Geist denkt: »Okay, dann mache ich diese Übungen und das wird mir helfen und ich werde irgendwo ankommen.«

Das sind alles Konzepte. Ein Leben im Märchenland, in der Realität eines »Jemand«, getrennt von der Welt, auf dem Weg zurück in die Ungetrenntheit. Es ist verrückt.

Aber das Buch scheint auch einige nette Sachen zu enthalten. Einige Zitate, die ich gehört habe, scheinen ganz schön zu sein. Die Sache ist so einfach: Der Verstand will ständig auf den fahrenden Zug von »Was kann ich tun?« aufspringen.

Dies hier ist ein Verlustprogramm. Jede positive Sache, die der Geist sich zu eigen macht, ist es nicht. Er denkt: »Oh, okay, alles ist Illusion – so ist das also.« Der Geist glaubt, das sei die Wahrheit.

Ich weiß, dass der »*Kurs in Wundern*« eine Menge Aussagen darüber macht, dass alles eine Illusion sei, aber das ist absoluter Quatsch. Es ist ein Konzept. Ein positives Konzept. Es ist nicht das, was ist.

Es geht nicht um ein Leben in positiven Konzepten. Wenn du irgendetwas, das Lisa sagt, in einer positiven Weise für dich annimmst, so, als ob das, was Lisa sagt, die Wahrheit selbst wäre, dann hast du wieder ein positives Konzept über das geschaffen, was es nicht ist.

Dies hier ist ein Verlust, es gibt keinen mittleren Weg. Dies hier ist der absolute Verlust von allem, was das »Ich« stets zu erreichen versucht.

F: Okay, dieses Mysterium ist das Schöne daran. Wenn ich aufnehme, was du sagst, dann spüre ich meinen Körper und ich fühle mich gut. Was meinst du, könnte das sein?

Lisa: Ich nehme an, immer wenn irgendein Konzept verloren geht, führt das zu einem befreienden Gefühl, denn Konzepte binden. Sie erzeugen ein

Empfinden von »zusammengezogen und eng«. Eine Idee fällt weg und Entspannung geschieht. Der natürliche Weg des Lebens ist frei von Leiden und ist reines Sein. Reines Sein leidet nicht.

Das Sein träumt ein scheinbares Leiden, das nicht wirklich geschieht. Da ist dieses Leiden von »Ich bin jemand und ich weiß etwas« und die Energie beginnt, sich zusammenzuziehen.

Wenn solche Ideen wegfallen, scheint sich die Verdichtung aufzulösen, aber gleichzeitig ist sie nie geschehen – was irgendwie verrückt ist.

F: Das Leben ist großartig. Danke dir!

Lisa: Ja, das ist es. Wenn so viel Aufmerksamkeit auf das Denken gerichtet wird und darauf, wer ich bin, was ich tue, wohin ich gehe, was ich zu entscheiden habe, dann kann es einem sehr aufregend oder bedrückend vorkommen. Aber wenn sich das auflöst ... ich meine, das ist wie ein Wunder ... es scheint ständig so viel zu passieren, aber unglaublicherweise passiert es gleichzeitig auch wieder nicht.

Wenn das »Ich« seine Ideen darüber entwickelt, wie es sein soll, wie ich mein Leben haben möchte und wie ich gesehen werden will, dann wird es

sehr begrenzt – was auch lediglich eine andere Aus-
drucksform ist.

Hier scheint das entlarvt zu werden.

Es satt haben ...

F: Ich habe es ziemlich satt und bin erschöpft davon, spirituellen Lehrern zuzuhören, die mir erzählen, was die Realität sei. Das ist für lange Zeit meine Beschäftigung gewesen. Manchmal höre ich zu und finde etwas Übereinstimmung oder Frieden oder wie man es nennen soll.

Kann ich wirklich irgendetwas verlieren, wenn ich den Lehrern zuhöre, während gleichzeitig ein Teil von mir noch immer annimmt, es gäbe etwas zu erreichen? Die Antwort scheint zu sein, dass geschieht, was geschieht – dass ich keine Wahl habe.

Lisa: Die Antwort ist eigentlich: *Nichts*.

Das ist sogar mehr als »was geschehen wird, wird geschehen« oder dass du keine Wahl hättest. Es ist *Nichts*. Die andere Seite des *Nichts* ist *Alles*.

Vergiss all die Lehrer, die dir all diese Dinge erzählen – und ich bin eine von ihnen.

Es hat nichts mit den Lehrern oder den Worten, die sie verwenden, zu tun. Das Leben spielt einfach nur das Spiel »Lisa spricht darüber«.

Die Antwort ist *Nichts* und der Partner von *Nichts* heißt *Alles*.

Jedes Ding und kein Ding ... vielleicht könnte man sagen: Was ist, ist *Dies*.

Und der Geist denkt: »Ja, aber ...«

Konditionierung

F: Konditionierung geschieht einfach, oder?

Lisa: Ja, der Körper ist immer konditioniert. Wenn das Baby da ist, ist der Körper der Mutter konditioniert, mütterlich zu handeln.

Ich spreche nicht von der Art und Weise, wie der Körper dann tatsächlich handelt. Welche Rolle auch immer er spielt, er agiert sie aus. Die Rolle, die wir spielen, verändert sich ständig. In jeder Situation und mit allen Leuten um dich herum verändert sie sich permanent. Es gibt keine grundlegende, einzige Rolle.

F: Was ist mit Emotionen? Geschehen die für dich immer noch?

Lisa: Ja, aber sie gehören nicht mehr zu jemandem. Die Vorstellung meinte immer, sie würden zu jemandem gehören, und das war das Leiden.
Da ist kein »Ich bin traurig« mehr, sondern Trauer oder Freude sind einfach da und sie sind frei, das zu sein, was sie sind. Es taucht nicht mehr länger ein »sollte« oder »sollte nicht« auf.

F: Lässt die Konditionierung nach?

Lisa: Die Konditionierung des Körpers?

F: Die Gedanken und Gewohnheiten.

Lisa: Der Körper wird immer konditioniert sein. Die Konditionierung mag sich abschwächen, aber nicht notwendigerweise. Ich spreche davon, dass keine Personalisierung des konditionierten Körpers mehr stattfindet.

In der Spiritualität liegt der Fokus oft darauf, die Konditionierung zu verbessern – was nicht falsch ist. Wenn die Konditionierung verbessert wird, mag die Erfahrung angenehmer sein. Aber das ist alles, was passiert. Die Konditionierung wird lediglich durch eine neue Konditionierung ersetzt. Ich spreche nicht von der Konditionierung des Körpers, ich spreche über denjenigen, der die Konditionierung personalisiert. Der Körper wird immer in irgendeiner Weise reagieren oder konditioniert sein.

F: Diese Veränderung der Konditionierung, die du erwähnt hast ... gibt es da ein Konzept von Fortschritt in der Konditionierung?

Lisa: Nein, es spielt keine Rolle. Derjenige, den es kümmert, in welcher Weise der Körper handelt, ist verschwunden.

Der Körper kann sich also wie ein Idiot oder wie ein Heiliger benehmen, aber dort drinnen ist nicht mehr länger jemand, der sagt: »So darfst du nicht sein!«

Es geht mit Sicherheit nicht darum, ein perfekter Körper-Geist-Mechanismus zu werden.

F: Die Einheit ist hier, aber trotzdem gibt es noch ein Element des Bösen und ein Element des Guten in dieser Welt, in dieser Manifestation?

Lisa: Ja, und es wird immer beides geben. Es wird immer Krieg und Frieden geben.

F: Könnte sich die Welt nicht zu mehr Frieden fortentwickeln?

Lisa: Der einzige Grund, aus dem du Frieden willst, ist deine Angst vor dem Krieg. Der Körper wird zerstört werden, alles wird zerstört werden. Und in dieser Zerstörung liegt die Geburt und es beginnt von Neuem.

F: Es gibt keine individuelle Seele und es gibt keine Wahl?

Lisa: Nein.

Sich »nicht gut genug« fühlen

F: Du sprichst häufig über eine »energetische Verdichtung«, die vom »Ich« stammt. Ich verstehe nicht wirklich, was du damit meinst und was eine Befreiung von dieser energetischen Verdichtung bedeutet. Könntest du ein wenig mehr darüber sagen?

Lisa: Fühlst du dich an den Körper gebunden, innerhalb des Körpers?

F: Ich habe die meiste Zeit das Gefühl, mich im Inneren des Körpers zu befinden.

Lisa: Davon spreche ich. Das kann zusammenbrechen und dann wird das Leben nicht mehr persönlich genommen. Der Körper ist ab da nur ein weiteres Ding, das im *Nichts* erscheint – im Einssein. Er ist nicht länger ein »Ich«, sondern ein Objekt, welches auftaucht und verschwindet. Es ist sehr einfach.

F: Für mich klingt das sehr theoretisch, denn die meiste Zeit bin ich mir dieser energetischen Verdichtung nicht gewahr.

Lisa: Das grundlegende Gefühl der energetischen

Verdichtung lautet: »Ich bin nicht gut genug, ich wurde zurückgewiesen.« Es ist ein energetisches Empfinden von »Dies ist nicht genug«.

Ich vermute, obwohl es meistens da ist, wird es nicht bemerkt, weil die Aufmerksamkeit so häufig auf dem Fluss der Dinge und den Ereignissen liegt. Das ungute Gefühl von »Dies ist nicht genug« ist ziemlich oft präsent, nehme ich an.

Manchmal verschwindet es vielleicht vollständig, aber es ist niemand anwesend, der das wahrnimmt. Keiner kann davon berichten oder Geschichten darüber erzählen, weil es niemanden gibt. Du kannst es nicht bemerken, denn du bemerkst es nur, wenn du da bist.

F: Wie kann man wissen, dass es vollständig verschwunden ist?

Lisa: Du weißt es nicht, weil du nicht mehr existierst. Weißt du etwa, dass du ein Auto fährst oder gerade beim Drachenfliegen bist oder mit einem Flugzeug startest? Da existiert nur das reine Erleben.

Die Person, die auf der Suche ist, verliert absolut das Interesse, also ist es überhaupt kein Thema, ob es da ist oder nicht. Das ist komplett irrelevant.

F: Ich bemerke es, wenn ich über die Zukunft oder die Vergangenheit nachdenke – das Gefühl eines Individuums, das in der Zeit lebt.

Lisa: Weil es sich um das Einzige handelt, was du wahrnehmen kannst – von dem, was du zu sein glaubst. Das ist nicht, wer du bist, sondern bloß eine Beschreibung. Eine Beschreibung des Körpers, die zu dem wurde, wer du bist – nur eine weitere Sache, die kommt und geht.

F: Das Problem des Suchenden ist, dass es zu einem weiteren Ziel wird?

Lisa: Wenn diese Energie da ist, wird sie sich an alles anhängen, was sie hört und sieht. Dass du noch keine Befreiung erlangt hast, wird die Schuld deines Freundes oder deiner Freundin sein oder die Schuld deines Lehrers. Es wird an deiner Arbeit liegen oder daran, dass der Kaffee nichts taugt.

Wenn dieses grundlegende Empfinden von »nicht genug« da ist, dann wird allem die Schuld gegeben und sich darin eingeklinkt – für eine potenziell bessere Zukunft.

Es ist ein zweischneidiges Schwert, darüber zu reden, denn auf bestimmte Weise kann es zu einem Erfassen

und Erkennen dessen kommen, was gesagt wird –
jenseits der Worte. Da ist eine Resonanz, dass es *Dies*
ist, wonach eigentlich gesucht wird. Es ist wunderschön, dass so etwas gehört werden kann.

Doch ebenso wird *»Dies«* als Wort gehört und
daraus kann eine Mission entstehen, es zu erlangen. Mit anderen Worten: ein weiteres Ziel für den
Suchenden!

Es ist tragisch, denn einerseits wird die Botschaft
vermittelt und andererseits wird sie bloß ein weiterer
Anreiz für den Suchenden werden, sein Empfinden
zu unterdrücken und sich auf den Weg zu »etwas
Besserem« zu machen.

So ist das …

Wenn ich glauben würde, dass es meine Aufgabe
wäre, Menschen zu befreien oder ihnen mit diesen
Worten zu helfen, dann wäre ich tief betrübt. Es wäre
ein ganz furchtbarer Job.

F: Manchmal spüre ich eine Resonanz mit dem, was du
sagst, und eine Akzeptanz dessen, was geschieht. Aber
die meiste Zeit verirre ich mich – in Gedanken und im
Bemühen, aus den Gedanken wieder herauszukommen.

Lisa: Das Grundlegende, aus dem das »Ich« herauszufinden versucht und dem es ausweichen will, ist das Empfinden von »nicht gut genug« – oder in irgendeiner Weise im Stich gelassen zu sein. Der grundlegende Antrieb aller Suche lautet: »Ich bin nicht gut genug, um geliebt zu werden.«

Das »Ich« läuft verzweifelt vor diesem Gefühl davon. Es macht anderen Leuten Vorwürfe und fühlt sich schuldig, um der Empfindung zu entfliehen.

Das kann zusammenbrechen. Wenn da ausschließlich das Gefühl von »nicht gut genug« ist, dann fällt alles in sich zusammen. Aber es ist irgendwie verrückt, denn wenn es da ist, wird nach einem Weg gesucht, herauszukommen.

Doch man kann nicht herauskommen. Wenn Schmerz oder Unbehagen präsent sind, dann ist es das, was geschieht, und *das* ist es. Es gibt die Täuschung, dass jemand anwesend wäre, der potenziell aus dem herausfinden könnte. Doch diese Person hat das Leben gar nicht unter Kontrolle, sie ist nur ein anderes Ding – oder eine andere Schöpfung –, die im Leben erscheint.

F: Eine Menge Lehrer sprechen über den Zusammenbruch der energetischen Verdichtung und daraus wird etwas, nach dem man sucht. Andere Lehrer reden jedoch nicht darüber. Würdest du sagen, dass es für dich selbst das komplette Ende der Gedanken bedeutet?

Lisa: Es ist nicht das Ende der Gedanken, der Anschein von Wahl wird weiterhin auftauchen. Aber es ist das Ende des Leidens.

F: Ich frage mich: Dieses völlige Zusammenfallen ... ist das wirklich für immer?

Lisa: Ich habe nicht gesagt, es sei für immer. Du hast das gesagt. Über »für immer« denke ich nicht nach.

F: Weil du weißt, dass die Dinge in ständiger Veränderung sind und nichts bleibt, wie es war. Was genau ist eigentlich dieses »Ich«, denn ich kann es nicht finden? Ich suche im Rahmen meiner Selbsterforschung danach und kann es nicht aufspüren. Also: Was ist dieses »Ich«?

Lisa: Das »Ich« ist eine Energie, die das Gefühl hat, das Leben sei nicht genug – aber es geschieht nicht wirklich. Es fühlt sich wie ein »Jemand« an, der in der Zeit existiert; und als ob Leute dir etwas antäten und du anderen etwas antätest; und als hättest du eine

Wahl und einen freien Willen; und als gäbe es Dinge zu erlangen und ein Leben, das für die Zukunft gelebt würde.

F: Gut, das ist, wie man weiß, völlig falsch.

Lisa: Man kann es wissen, aber trotzdem taucht es auf, bis diese Energie wegfällt – was unpersönlich ist. Wenn ich mich wissenschaftlicher ausdrücken wollte, könnte ich sagen: Bis sich einige Chemikalien im Gehirn verändern oder das Gehirn umschaltet und aufhört, das falsche Empfinden von »Ich« zu erschaffen, wird Leiden da sein.

Es ist so unfair, dass keine Pille existiert, die du einnehmen kannst. Es ist wirklich unfair, dass es in manchen Körper-Geist-Mechanismen einfach wegfällt. Für einige gibt es keinen Weg dorthin oder eine bestimmte Praxis, es passiert einfach. Ich kann nachempfinden, was du sagst. Eventuell vermassele ich es, wenn ich darüber spreche, aber das Sprechen geschieht. In irgendeiner Weise muss darüber gesprochen werden.

Doch wie kann ich es formulieren, ohne dass es klingt, als wäre es »etwas«?

Sogar wenn ich lediglich über Achtsamkeit

sprechen und Achtsamkeitsübungen lehren würde, wäre es immer noch ein großes Ding. Wenn ich es »Die Achtsamkeit« nenne, wäre es noch immer etwas, das der Geist haben wollte. Er würde sich dann Mühe geben, achtsam zu sein.

Es gibt keinen Weg, darüber zu reden, ohne dass das »Ich« es hört und es als einen weiteren Anreiz betrachtet, dem es nachjagt.

Ich spüre deine Frustration und es ist traurig, dass es keinen Knopf gibt, den man drücken kann, um es am Auftauchen zu hindern.

F: Es ist sonderbar, denn ich kann dir nicht einmal sagen, wonach ich suche.

Lisa: Wonach du suchst, ist, dass dieses starke Empfinden verschwindet, das sagt: »Ich will geliebt werden.«

F: Ich weiß nicht, was es ist.

Lisa: Du willst, dass das Gefühl von »nicht gut genug« aufhört. Das ist alles, was gewollt wird.

F: Ich weiß nicht genau, worum es bei dieser Befreiung geht. Es ist total verrückt.

Lisa: Ja, das ist es allerdings.

F: Ich weiß, dass ich den Frieden bevorzuge, aber ich weiß auch, dass er lediglich ein weiterer Zustand oder eine weitere Erfahrung wäre. Er ist nichts. Weil er kommt und geht.

Lisa: Worüber ich spreche, ist das Ende desjenigen, der versucht, diese Zustände festzuhalten. Es geht nicht um perfektes Vergnügen oder perfektes Glück, es ist das Ende dieses einen, der etwas festhalten möchte.

F: Woher willst du so genau wissen, dass dieser »eine« nicht zurückkehrt?

Lisa: Das weiß ich nicht, aber es ist mir vollkommen egal.

F: Woher hast du die Gewissheit?

Lisa: Die habe ich nicht. Ich habe keine Gewissheiten. Aber genauso wenig sitze ich hier und sorge mich, dass er zurückkommen könnte. Es gibt kein Interesse an solchen Gedanken. Es gibt kein Interesse daran, die Zukunft zu fürchten.

F: Du könntest nicht einmal sagen, ob dieses Empfinden mit Sicherheit verschwunden ist?

Lisa: Nein, du betrachtest die Dinge in einer wirklich verdrehten Weise. Du denkst, die Art, in der du alles in Augenschein nimmst, wäre logisch und würde Sinn ergeben, aber du schaust die Dinge durch Worte hindurch an.

»Woher weißt du, dass es verschwunden ist?«

»Woher weißt du, dass es nicht zurückkommt?«

Nichts davon macht Sinn. Du glaubst nur, das würde es tun, weil du jedem Wort eine Bedeutung verleihst. *Dies* ist es!

F: Aber du weißt doch, wann diese Verdichtung ...

Lisa: Nein, ich weiß all diese Dinge nicht! Alles, was ich kenne, ist ein Vergleich mit einem »Vorher«, das zunehmend verblasst.

Die Erinnerung kommt zurück, wenn Leute mit mir reden, und sie ist lediglich ein Abbild der Energie, die früher auftauchte: sich nicht gut genug oder unwert zu fühlen.

Befreiung ist absoluter Quatsch. Es gibt keine Befreiung. Du kannst sie niemals kennen. Du kannst immer nur den Vergleich zum »Vorher« kennen.

Außerdem treffe ich eine Menge Körper-Geist-Mechanismen, die ständig über ihr Leiden reden und mich daran erinnern, wie Menschen denken.

Für dich ist die Idee, dass es zurückkommen könnte, eine ganz logische Frage, aber für mich ist sie reichlich merkwürdig.

Du hörst mir zu und glaubst, in diesem Körper wäre eine Person, die spricht; doch das ist alles deine Projektion und Illusion.

Wenn das wegfällt, dann gibt es keine Illusion mehr. Da ist nur das *Nichts*. Und nicht einmal mehr das *Nichts*, denn auch das ist nur ein Wort.

F: Aber da ist ein Körper-Geist ... und spricht.

Lisa: Da ist ein Körper, der spricht – das scheint so zu sein –, aber letztendlich geschieht es nicht wirklich. Die meisten denken, was geschähe, wäre, dass sich ein eigenständiges Wesen in diesem Körper befände und sich entschieden hätte, so zu sprechen.

Es ist traurig, dass dieses Gefühl von »nicht gut genug« dem Menschen widerfährt, aber immerhin ist es für den Menschen ein Anreiz zur Weiterentwicklung. Er arbeitet sehr hart daran, sich gut zu fühlen, und versucht, das Gefühl der Minderwertigkeit zu vermeiden.

F: Wenn da sehr starke Schmerzen im Körper sind, etwas sehr Unangenehmes …

Lisa: Das ist nur Schmerz. Er ist kein Problem, solange ihn niemand als »mein Schmerz« für sich vereinnahmt. Wenn kein »Jemand« da ist, dann ist es … *(vom Fragenden unterbrochen).*

F: Du sagst also, du hättest keine Gedanken, ihn zu beseitigen? Die kommen nicht auf?

Lisa: Wenn ein Bein abgetrennt wurde und intensiver physischer Schmerz entsteht, dann wird der Körper versuchen, den Schmerz zu lindern. Aber das bedeutet nicht, dass es im Körper ein eigenständiges Wesen gäbe. Schmerz wird nur dann zur Qual – also zum Leiden –, wenn es das »Ich« mit dem Gefühl gibt, dass es »mir« passiert und dass »ich« nicht gut genug bin. Das ist die tatsächliche Quälerei im Leben: diese energetische Verdichtung mit ihrem Empfinden von »nicht gut genug«.

F: Die energetische Verdichtung ist sehr kraftvoll, wenn der Körper weh tut. Wenn keine Schmerzen da sind, ist alles in Ordnung und es kommen keine Sorgen auf.

Lisa: Was meinst du mit Schmerzen? Die energetische Verdichtung ist schon in sich selbst äußerst schmerzhaft.

F: Es ist der physische Schmerz, der die energetische Verdichtung mit sich bringt.

Lisa: Das energetische Empfinden des »nicht gut genug« ist sehr schmerzhaft.

F: Für mich gibt es da keinen Weg raus.

Lisa: Nein, es gibt keinen Weg raus und das ist die Tragödie des Menschen. Er glaubt immer, er könnte aus etwas herausfinden.

Tiere haben solche Tagträume nicht. Wenn sie sterben oder sich in einem qualvollen Zustand befinden, wenn ihr Bein zerstört ist, dann sitzen sie nicht da und träumen von etwas anderem. Da ist nur Qual.

Es ist verrückt, denn wir betrachten Hoffnung als eine wunderbare Sache im menschlichen Funktionieren, dabei ist sie das, was die Trennung und den Mangel an Liebe hervorruft. Das Wort »Liebe« wirst du wahrscheinlich am meisten hassen, wenn du die energetische Verdichtung hasst. Doch das alles hier ist eine absolute Liebesgeschichte und sie schließt den Schmerz mit ein. Alles ist berührend und es ist so tief ... es geht über Tiefe sogar weit hinaus. Dieses Gefühl von »Das ist nicht gut genug« oder »Das sollte mir nicht passieren« blockiert die Liebe.

Obwohl ... es blockiert nicht wirklich die Liebe, denn auch das alles geschieht *in* der Liebe.

Es überschattet sie. Das ist die Tragödie des Menschen.

Wenn Qual und Schmerz und Unbehagen auftreten, dann ist es das, was passiert. Es existiert kein Weg heraus und sie werden so lange da sein, bis sie aufhören.

Die meisten Leute wollen das nicht hören. Sie wollen wissen: Wie kann ich das, was Lisa sagt, benutzen, um mein quälendes Gefühl der Zurückweisung und mein Gefühl des Ungeliebtseins zu überdecken?

Es kann zur Qual werden. Besonders dann, wenn es im Lauf der Ereignisse geschieht. Wenn zum Beispiel der Geliebte mit jemand anderem davonläuft oder alles Geld verloren geht und keine Freunde da sind. Das alles löst ein Empfinden von »nicht gut genug« aus.

F: Bücher zu lesen und einem spirituellen Weg zu folgen, scheint gegen die Verdichtung zu helfen.

Lisa: Ja, aber es hat nie ein »Ich« gegeben, das es tut. Wenn das »Ich« aufgelöst werden soll, dann wird es so geschehen wie alles andere auch: von allein.

Die Persönlichkeit will sich ständig selbst analysieren und fragt: »Wohin soll ich gehen und wie komme ich dorthin?« Das ist alles eine Lüge.

Du kannst dich nie selbst erleuchtet »machen«. Das »Ich« stirbt, aber du kannst dich nicht selbst töten. Das »Ich« wird weiterhin Geschichten darüber erzählen wollen, wie es vorankommt. Es will sie wegen des schmerzvollen Ungeliebtseins erzählen – um sich besser zu fühlen. Wenn es davon berichtet, der Befreiung nähergekommen zu sein, fühlt es sich etwas entspannter und weniger verlassen oder weniger »nicht gut genug«.

F: Heutzutage sagen die meisten Lehren, dass du dieser Sache durch Selbsterforschung, Meditation oder durch »direktes Schauen« näherkommen kannst. Das ist für die Suchenden sehr irreführend. Sie denken dann ernsthaft, sie könnten etwas tun.

Lisa: Ja, und diese ganze Zeit glauben sie, dass sie etwas täten. Aber das sind nur sie, die davon träumen, etwas zu tun. Tun wird geschehen, aber ihr Tod wird niemals ihnen gehören.

Diese Geschichte, dass sie sich selbst befreien, dass sie in der Zukunft dort ankommen werden, entspannt sie. Sie lindert die Gefühle des Ungeliebtseins und der Verlassenheit, die dann weniger machtvoll wirken. Das ist alles, was man damit erreichen kann.

Wenn es aber die Bestimmung des Körpers ist, dass das »Ich« wegfällt, dann wird es unabhängig von allem passieren, was sie tun oder nicht tun. Es geschieht von selbst. Es ist keine Errungenschaft eines »Jemand«. Aber vielleicht müssen sie die ganze Zeit davon träumen, dass sie es tun. Das mag etwas sein, was zu geschehen hat, doch sind es nicht sie, die etwas tun. Da drinnen ist niemand, der etwas tut – Tun geschieht einfach. Oder tatsächlich ... geschieht nicht wirklich irgendetwas.

F: Was meinst du damit, wenn du sagst, dass nichts geschieht?

Lisa: Es gibt keine Dinge, oder? Es gibt nur Energien, die sich selbst Ausdruck verleihen, es gibt keine tatsächlichen Dinge – nur Dinge in der Beschreibung, in der Sprache. Wenn sich alles in ständiger Veränderung befindet, dann gibt es kein Ding. Nichts geschieht, was bedeutet, dass da nur *Eins* ist.

Ein einziger Fluss

F: Ich wollte dir für deine Antwort auf meine E-Mail danken. Sie war so hilfreich. Was auch immer bei dir vor sich geht, das will ich auch haben!

Lisa: Du hast es schon. Ich *bin* du.

F: Ja, ich versuche wohl nur noch, meinen Geist dazu zu bringen, dass er das realisiert.

Lisa: Es ist nicht der Geist, der es realisieren wird. Es ist deine Natur. Der Geist blockiert die Dinge. Der Geist zerlegt alles und lässt es so erscheinen, als läge deine wahre Natur »dort draußen«.

F: Würdest du sagen, diese Natur sei verborgen, wie durch die Schalen einer Zwiebel?

Lisa: Ja. Wenn du einen blauen Filter vor ein Licht hältst, dann ist es noch immer dasselbe Licht, aber es scheint blau zu sein. Die Natur von allem ist stets frei und du *bist* alles. Der Filter lässt es wie »Ich« und »das andere« erscheinen.

F: Die letzten paar Tage sind einige interessante Dinge passiert. Ich weiß nicht so recht, was ich davon halten soll. Es hat nichts mit Meditation oder Konzentration oder dergleichen zu tun. Ich wachte morgens auf und da war kein Leiden mehr. Ununterbrochen, für einen ganzen Tag oder so. Jetzt gerät es wieder ins Schwanken, aber es gab längere Zeiträume, in denen die Dinge einfach nur geschahen – genau so, wie du es beschreibst.

Lisa: Schön. Du kannst es nicht geschehen machen und es wird offensichtlich, dass es sich nicht um dein Tun handelt. Es passiert einfach und es verschwindet einfach. Du hast keinerlei Kontrolle. Es geschieht nur.

F: Bis jetzt ging es um Schmerz oder Vergnügen, und damit meine ich, dem Vergnügen nachzugeben und den Schmerz fortzustoßen. Es hatte nichts mit *dem* zu tun. Eigentlich hatte sich nicht viel verändert. Alles erschien normal, aber Situationen bei der Arbeit, die mich sonst aufgeregt hätten, taten das nicht mehr.

Lisa: Man könnte es Frieden nennen, aber das ist es nicht wirklich, denn das wäre ein Zustand.

Es ist bloß die Abwesenheit von etwas, das du nicht benennen oder festhalten kannst. Nur die Abwesenheit dieses »etwas«, das sich an anhaftet.

F: Genau. Es war nicht wie Samadhi oder Glückseligkeit. Es war einfach nur wirklich interessant, denn es ist überhaupt nicht so, wie ich es mir vorgestellt hatte.

Lisa: Nun, vielleicht reden wir nicht über die gleiche Sache – wer weiß? Aber großartig an dem, was du gesagt hast, ist, dass es da kein Leiden gibt und damit keine Sehnsucht nach etwas anderem – nach einem Unterschied. Das ist genau, wie es sein soll, aber eben nicht auf eine Weise, die du erwartet hättest. Es ist so, wie du es wolltest, weil da nichts ist, das sich bemüht, etwas anderes zu bekommen.

F: Ich würde allerdings sagen, dass es eine Menge damit zu tun hatte, Vipassana zu praktizieren. Ich glaube, ohne Vipassana wäre die Bewusstheit nicht da gewesen, die das Geschehen zugelassen hat.

Lisa: Kann die Erfahrung, Vipassana zu praktizieren, vom Urknall getrennt werden? Kann sie von deiner Schulzeit getrennt werden? Kann sie vom Kauf deines ersten Autos getrennt werden oder davon, dass du ausgerutscht bist und dir das Knie aufgeschlagen hast? Es ist alles eine einzige Bewegung. Wie könntest du also Vipassana als etwas Besonderes hervorheben?

F: Ich verstehe, was du sagst, und ich stimme dir zu. Denkst du, es gäbe nur deshalb eine Absicht, um zu realisieren, dass es keine Absicht gibt?

Lisa: Nein, ich denke, es ist alles ein einziger Fluss und es kann im Vipassana geschehen oder außerhalb des Vipassana. In *dieser* Geschichte war Vipassana ein Teil davon. Vipassana kann nicht aus dem Ganzen herausgezogen werden. Und das schließt den Pädophilen ein, der ins Gefängnis musste, und die Sterne in der Nacht.

Der Geist hebt ein bestimmtes Element hervor, weil es einen weitreichenden Einfluss zu haben schien. Es gibt aber nichts, das »mehr Gott« oder »noch heiliger« ist.

Es brauchte dich, der sich mit seinem Bruder identifizierte oder eine Schwester hatte, die ihn tyrannisierte, oder dass du ein Einzelkind gewesen bist. Es brauchte deine Eltern mit ihren speziellen Eigenschaften. Das alles spielte eine Rolle.

Hast du jemals in Erwägung gezogen, ein Theaterstück zu schreiben oder ein Buch? Bist du in irgendeiner Weise kreativ?

F: Ja, ich bin Musiker.

Lisa: Gut, dann weißt du, dass jede Note, die erklingt, göttlich ist, wegen all der Noten, die vorher kamen. Wenn man Musik hört, welche ist die göttlichste Note? Welche ist die wichtigste? Um die allerschönste Stelle in einem Lied zu hören, bedurfte es aller Noten, die vorher kamen, um sie zur allerschönsten zu machen.

Ich habe Theaterstücke geschrieben, deshalb kam ich darauf. Es war so offensichtlich, als ich die Stücke schrieb. Es war ganz klar, dass nichts aus der Geschichte herausgetrennt werden konnte. Wenn ich eine böse Person beschrieb – den Bösewicht –, dann konntest du erkennen, dass jede Handlung, die vorher kam, zu seinem bösen Handeln führte. Das gleiche galt für den Helden und es gab keine Trennung.

Es ist so wunderschön, wenn man zu sehen beginnt, dass es kein separates Geschehen gibt. Das ist absolute Liebe.

Im Buddhismus sagten sie, der Karren könne nicht vor dem Ochsen kommen. Du fängst an, grundlegend zu erkennen, dass sich kein Ereignis jemals separieren lässt.

F: Das fordert mich gewaltig heraus und ich glaube, das ist gut.

Lisa: Ja, denn wir wollen in diesen Schubladen leben, und wenn wir in Schubladen leben, werden wir auf Trennung stoßen. Wenn du erkennst, dass die Körper-Geist-Mechanismen, von denen du die Identifikation mit dir selbst gelernt hast, sich nicht von denjenigen unterscheiden, von denen du die Nicht-Identifikation lernst, dann ist alles eine einzige Bewegung. Sie sind nicht getrennt und könnten ohne einander nicht existieren.

F: Ich verstehe, was du sagst. Ich vermute, das muss ich erst einsinken lassen.

Ich habe eine weitere Frage an dich: Die alte Lisa, das egozentrierte Selbst, sie hat praktiziert, oder?

Lisa: Ja, das tat sie, aber nicht zuletzt. Zuletzt realisierte sie, dass sie erledigt war.

Aber ja, als ich jünger gewesen bin, war ich für fünf Jahre eine praktizierende Buddhistin.

F: Eventuell auch Formen des Yoga, oder?

Lisa: Nein, nicht wirklich. Ich saß viel eher einfach da – mit geschlossenen Augen. Lisas Persönlichkeit ist ein bisschen faul, wenn es um körperliche Übungen geht.

Zuletzt gab es eine wirklich große Einsicht, wie verloren Lisa war. Verloren in dem Sinne, dass sie von allem anderen, das geschah, nicht getrennt sein konnte. Also existierte kein eigenständiges Handeln, das sie hätte entdecken können und das sie zur Befreiung geführt hätte. Befreiung war der Lauf der Dinge, es war kein individuelles Ding.

F: Der Zehn-Tages-Kurs, an dem ich teilnahm, setzte mich in Brand!

Lisa: Aber es brauchte alles, was zu diesem Zehn-Tages-Kurs hingeführt hatte, um das Feuer zu entzünden. Der Geist will es als gesondert sehen, dann kann er ein Held des Vipassana sein.

F: Aufgrund von allem, was du gesagt hast und was ich aufnehmen konnte, glaube ich, dass ich versucht habe, diese Erfahrung zu glorifizieren. Aber der Sinn dieser Gipfelerfahrung ist es, losgelassen zu werden.

Lisa: Genau! Das ist wirklich schön.

Der Geist versucht ständig, etwas zu verherrlichen – als Superhelden oder als Teufel.

Wenn er aber solche Geschichten durchschaut, die sagen: »So bin ich hier hingekommen und du kannst auch hier hinkommen, wenn du jenes tust ...«, dann fängt er an, sich aufzulösen. Dann beginnt er, mit einer Menge mehr an »Ich weiß es nicht« zurückzubleiben.

Wer ist »der andere«?

F: Wer ist das: »eine andere Person«?

Lisa: Wenn du dich selbst nicht siehst und keine »Ich-Dynamik« aufkommt, dann kannst du andere nicht sehen. Wer ist die andere Person? Wer ist deine Frau, dein Mann oder dein Freund? Wenn die Funktion des »Ich« endet, dann endet jeder andere auch.

F: Was ist dann also »der andere« für dich?

Lisa: Da ist niemand. Es kann schwierig sein, darüber zu sprechen. Wen du siehst, ist nur eine Projektion – eine Projektion der »Ich«-Geschichte. Wenn du nicht denkst, siehst du andere nicht.

Das soll nicht heißen, dass es auf das Denken oder Nicht-Denken ankäme, ich versuche nur, auf die Leere von allem hinzuweisen. Das kann ziemlich beängstigend sein.

Solange ein Körper-Geist kein Problem zum Ausdruck bringt, sehe ich kein Problem. Ich sehe nicht einmal dich. Da ist nur Bewegung, die geschieht. Es ist absolut befreiend, weil du dich nicht mehr länger überall selbst siehst – oder ein Selbst in Beziehung zu anderen.

Alles Leiden kommt daher, dass du dich in einer Beziehung zu Menschen befindest. Dieses »Ich«, das mit anderen in Beziehung steht, ist so schwer und voller mentaler Aktivität, bei der es darum geht, was der andere dir angetan hat oder was du ihm antust. Es gibt keinen anderen, es gibt Bewegung, die scheinbar geschieht. Ebenso geschieht keine Bewegung – und das ist vollkommene Stille.

Das ist so wichtig. Wer ist es, den du siehst?

Ich sage nicht, dass du passiv werden wirst, denn du fragst dich möglicherweise, wie man dann überhaupt handelt? Ich spreche von der Unpersönlichkeit des Lebens. Es gibt keine Person in irgendetwas. Es gibt keinen individuellen freien Willen in irgendjemandem.

Alles Leiden entspringt aus der Dynamik, die sagt: »Ich bin jemand, der getrennt von dir handelt.« Es ist ziemlich komisch, dass diese Annahme existiert, denn wie soll das möglich sein? Wie können wir jemals den Anfang und das Ende von etwas finden?

Wann begann das Handeln des Körpers? Als du heute Morgen wach wurdest? Oder war es, als deine Mutter dir sagte, dass du brav sein sollst? War es, als du geboren wurdest? Oder als deine Mutter und dein Vater Liebe machten?

Diese ganze Geschichte, die behauptet: »Ich tue etwas und sie tun etwas – ich habe recht und du hast unrecht« ... durch diese Energie gedeiht der Geist.

Worüber ich rede, mag unglaublich beängstigend sein, denn es ist das absolute Ende der Kontrolle oder des Gedankens, du hättest die Kontrolle. Das »Ich« erzählt ständig, das Chaos würde ausbrechen, wenn es keine Kontrolle hätte.

Dies hier *ist* das Chaos, denn alles wird sterben. Es ist eine Welt von Wachstum und Tod. Das ist die absolute Freiheit. Aber tatsächlich ... mit der Frage »Wer ist der andere?« muss man sich auseinandersetzen.

Ich versichere dir, dass der Geist in der Schuldzuweisung verharren will. Er will an der Idee festhalten, dass »Ich« etwas Falsches getan habe und dass »sie« etwas Falsches getan haben.

Wenn die Energie aufhört, sich auf den freien Willen zu fokussieren, dann wird erkannt, dass es keine Trennung gibt, dass nur Leben geschieht und dass es absolut frei ist.

Das Leben ist gleichzeitig brutal und wunderschön. Da sind ständiges Wachstum und Zerstörung, Geburt und Tod. Freiheit kann deshalb nicht im Fluss des Lebens gefunden werden, aber sie ist in der Stille zu finden, die immer hier ist.

Wen kümmert es?

F: Woher weiß ich, dass ich es geschafft habe?

Lisa: Das wirst du nicht. Das »Ich« wird es nicht mehr interessieren. Das »Ich« wird wegfallen und aufhören, sich selbst zu beobachten, und nur noch das sein, was geschieht.

Wenn die Persönlichkeit zusammenbricht, kann es viele Hochs und jede Menge Erfahrungen geben und häufig wird der Geist den Schluss ziehen, dass es jetzt geschafft wäre oder dass es das nun gewesen sei. Wer ist es, der einen solchen Schluss zieht?

F: Es ist ein Gedanke, der auftaucht.

Lisa: Und an diesen Gedanken wird immer noch geglaubt, oder?

F: Nein, es wird nicht wirklich daran geglaubt.

Lisa: Da gibt es noch immer den Gedanken, es sei irgendwo – es läge irgendwo in einer Erfahrung. Das ist es, was weggenommen wird, aber es hat nichts mit dir oder mir zu tun.

In der Non-Dualität kann es zu einem Zusammenbruch desjenigen« kommen, der das Leben persönlich nimmt und das Gefühl hat, es würde ihm passieren.

F: Das ist dein direktes Wissen?

Lisa: Was ist »direktes Wissen«?

F: Aus deiner Erfahrung.

Lisa: Ist das direktes Wissen?
Wie oft hast du über deine eigene Erfahrung gelogen? Kannst du jemals über deine eigene Erfahrung sprechen? Wenn du gut gelaunt bist, wird die Erfahrung anders aussehen, als wenn du in einer eher negativen oder schlechten Stimmung bist. Die Geschichte wird sich verändern, in Abhängigkeit von den Schleiern, die darüberliegen. Du weißt es einfach nicht.

Alles, was ich sagen kann, ist, dass derjenige, den es kümmert, zusammenbricht. Danach ist es nur noch *Dies*, was ist.

Es beobachtet sich nicht selbst oder stellt die Frage, wo auf dem spirituellen Pfad es sich befindet. Es ist nur ein großes Fragezeichen, wo nichts festgehalten und als »Ich« betrachtet wird. Es hat nichts mit dir zu tun. Es bist nicht du, der es tut.

Geld

F: Ich spüre keine Resonanz zu irgendeiner Art von Job. Fällt dir dazu etwas ein?

Lisa: *(lacht)* Das gefällt mir: »Ich spüre keine Resonanz zu irgendeiner Art von Job.«
In diesem Land hier könntest du auch ohne einen Job überleben. Vielleicht nicht unter den angenehmsten Bedingungen, aber du könntest überleben.

Wegen Geld und Liebe wird in der »Ich«-Dynamik am häufigsten gelitten. Geld repräsentiert Angst und Tod und die Unfähigkeit, den Körper physisch zu erhalten. Außerdem steht es für Status und Rangordnung innerhalb der Gesellschaft sowie für Freude und Schmerz. Das Finanzthema spielt eine riesengroße Rolle für das »Ich«!

Das ganze Konzept von Geld ist eine Vorstellung. Es ist etwas, das die Menschen sich ausdenken mussten, um in dieser Form Handel zu betreiben. Wir geben Geldscheine oder runde Münzen weiter, um sie gegen etwas anderes zu tauschen. Geld hat keinen realen Wert außer dem Wert, den die Gesellschaft ihm gibt.

Das Geldthema bringt große Unsicherheit mit

sich in dem Sinne, dass die Sicherheit einer Person davon abhängt, genügend dieser Scheine und Münzen zu erlangen. Wie ich meine Stellung innerhalb der Gesellschaft einschätze, hängt davon ab, wie viele dieser Scheine und Münzen ich sammeln und tauschen kann, um wirklich gute Dinge zu besitzen.

Die Energie, die stets Verantwortung für Geld übernommen hat, diese »Ich«-Dynamik, die sich persönlich für Geld zuständig fühlt, ist nicht diejenige, die das Geld kontrolliert. Es fühlt sich so an, als würde sie die Kontrolle besitzen, aber das »Ich« ist eine Schöpfung – nicht der Schöpfer.

Du hast niemals Geld verdient, du hast nie einen Job ergattert, du hast nie dein Leben gelebt, du hast dir nie dein Auto verdient – du hast niemals irgendetwas davon getan.

Die »Ich«-Dynamik, die sagt: »Ich muss mir einen Job beschaffen, ich muss mehr Geld verdienen, ich muss meine Miete bezahlen, ich muss meinen Kontostand erhöhen«, war nie der Schöpfer.

Es wirkt tatsächlich so, als wäre diese Dynamik der Schöpfer, als hättest du dein Leben unter Kontrolle. Genau diese Dynamik ist aber eine Erscheinung, ebenso wie Geld oder Licht oder Klang. Innerhalb dieser persönlichen Dynamik gibt es vermeintlich einen Denker, der sagt: »Ich entscheide, ich verdiene mein Geld, ich bin derjenige, der meinen Kontostand über null gehalten hat.«

Es wirkt wie die Anwesenheit eines »Jemand«, aber der war nicht der Entscheider. Er ist nur eine Vorstellung – genau wie alles andere auch.

Ist das nicht fantastisch? Du musst dir niemals dein Geld verdienen – die »Ich«-Dynamik muss nie Geld verdienen!

Das »Ich« sagt jetzt bestimmt: »Nein, alles andere ist in Ordnung, aber Geld muss ich verdienen! Ich muss Geld verdienen und mir einen Job suchen und nett zu meinem Chef sein.«

Dass dieses »Ich« nicht der Schöpfer ist, stellt alles auf den Kopf. All der nächtliche Stress, das Aufwachen mitten in der Nacht und die Sorgen, wie du dein Geld beschaffen sollst, waren nur ein Spiel, niemals die Wirklichkeit. Wahrscheinlich wird das »Ich« beginnen, so etwas zu sagen wie: »Ja, aber ich brauche jede Menge Geld für eine gute Lebensgeschichte.«

Um also deine Frage zu beantworten: Wenn im Moment kein Job da ist, dann ist wahrscheinlich auch kein Geld da. Ich versichere dir: Es ist äußerst unwahrscheinlich, dass dein Körper verhungern wird. Er mag vollkommen pleite und arm sein, aber das ist er nur innerhalb einer Beschreibung. Nichts ist jemals arm oder erfährt einen Mangel an Geld.

Du hast sowieso nie Geld, weil Geld nur eine Einbildung ist – alles bloß ein Spiel im Land der Träume.

Möglicherweise ist es hier nicht das Problem, dass es keinen passenden Job gibt – oder kein Geld. Das Problem taucht mit demjenigen auf, der glaubt, er müsse die Kontrolle besitzen, um einen Unterschied zu machen. Er will das Leben verändern, entsprechend seinen Vorstellungen darüber, wie es sein sollte. »Ich sollte nicht hungern und ich sollte nicht obdachlos sein.«

Dies ist der freie Fall ins *Nichts* – ein totaler Verlust des Kontrolleurs.

Dies ist die Freiheit. *Dies* ist der Frieden, der gesucht wird. Es geht niemals um Geld.

Das klingt unerhört für die persönliche »Ich«-Dynamik. Ich versichere dir: Es ist das, wonach gesucht wird. Ein hoher Kontostand ist nicht das Gesuchte. Wonach gesucht wird, ist ein völliges Nichtwissen und ein Leben, das sich ohne denjenigen abspielt, der glaubt, das Leben zu kennen oder zu kontrollieren.

F: Du sagst also, ein Job wird auftauchen, wenn er auftaucht?

Lisa: Ja, der Job wird auftauchen oder nicht, abhängig davon, ob die Bewegungsenergie zu einem Job hingeht oder weg davon.

So war es schon immer. Du hattest nie die Kontrolle über dein Leben. Das »Ich« ist eine Erfindung, ein Tanz oder ein Spiel. Derjenige, der sich in Kontrolle wähnte, hat dir nie einen Job beschafft und er hat dir nie das Geld beschafft. Er war nur eine weitere Erscheinung.

Also, ja, der Job wird kommen oder nicht. All die Sorgen und Ängste in Bezug darauf sind nur ein Spiel des Lebens, ein Drama, das das Leben aufführt.

Es gibt keine Verletzlichkeit. Verletzlichkeit existiert nur innerhalb von Geschichten.

Alles stirbt, alle Dinge verändern sich permanent. Im Versuch, irgendetwas zu bewahren, liegt keine Freiheit. Damit würde man bloß bekämpfen, was ist.

F: Bedeutet das also, dass es keine Verantwortung gibt?

Lisa: Ja, das bedeutet es. Es gibt keine Verantwortung. Verantwortung ist ein Traum – ein Wachtraum.

Partnerschaft

F: Wenn kein »Ich« übrig bleibt, kann es dann noch Liebe zu einem Partner geben?

Lisa: Du wirst keinen Partner mehr sehen. Es fühlt sich seltsam an, das zu sagen. Der Körper könnte die meiste Zeit mit einem anderen Körper zusammen sein, aber du würdest ihn nicht als deinen Partner betrachten. Der Körper könnte sagen: »Ich liebe dich, du bist großartig«, aber drinnen ist niemand, der das sagt oder Anspruch darauf erhebt.

Verlust ist Liebe

F: Könntest du die Aussage erläutern, dass Liebe einen völligen Verlust bedeutet?

Lisa: Die Persönlichkeit, das geträumte Wesen, die energetische Verdichtung versucht stets, an Dingen festzuhalten. Sie glaubt, ein Körper zu sein, und sieht sich selbst als ein Objekt. Aber da ist kein unveränderliches Objekt – nichts! Alles befindet sich in Bewegung und es existiert nichts Beständiges. Du kannst niemals einen gleichbleibenden Körper haben. Wasser wird getrunken, verschwindet und wird zum Körper. Ständig erneuert sich die Haut.

Es ist alles Energie. Wenn du es genau untersuchst, dann ist alles aus derselben Substanz gemacht und in permanenter Veränderung begriffen.

Aber das Wesen sagt: »Ich bin ein Körper und muss für seine Beständigkeit sorgen. Und ich muss anderen Körpern Beständigkeit geben. Ich darf nichts davon verlieren. Das wäre das Schlimmste: den Körper zu verlieren, Dinge zu verlieren, meine Geschichte zu verlieren. Ich muss ihm Stabilität geben. Wenn ich ihn in irgendeiner Weise dauerhaft machen kann, dann habe ich Sicherheit und Kontrolle. Die Person,

die vor mir steht und die ich so sehr liebe, dieser
Hund, dieses Auto, dieser Fernseher, den ich so sehr
liebe, das alles kann ich behalten, ich will es behalten,
es gehört mir.«

Es gibt kein festes Ding. Alles ist vergänglich und
wandelt sich. Der Körper transformiert sich stets in
etwas anderes. Das Wesen versucht, sich festzuklam-
mern, und das ist die schmerzhafte Verkrampfung,
die alles stabil und dauerhaft halten will.

Liebe ist Verlust. So ist der natürliche Lauf der Dinge –
sie erscheinen und verschwinden. Niemals werden
sie etwas Separates sein, das auf der Stelle steht. Alle
Dinge sind *ein* Ding, in wechselnder Erscheinungs-
form.

Ich erinnere mich an ein Zitat, das ich als Kind
gelesen habe: »Gott zu kennen, heißt, sich in einem
immerwährenden Zustand des Verlusts zu befinden.«
Ich verstand, was das bedeutete. Ich verstand, dass
das die Freiheit war.
Wir glauben, Verlust sei etwas Negatives, aber er ist
Liebe – wahrhaftige Liebe.

Trauer

F: Warum tut es immer noch so weh, obwohl es schon lange her ist, seit meine Schwester starb?

Lisa: Weil es das tut. Weil es das ist, was geschieht. Warum schlägt das Herz? Warum ist der Himmel blau? Warum macht nichts davon Sinn? Weil es so ist.

Wir versuchen ständig, dieser Unmittelbarkeit der Erfahrung auszuweichen – der Trauer, der Qual, dem Schmerz –, aber das ist es, was ist. Es ist ein Teil dessen, was Leben bedeutet. Es ist dazu geschaffen, Konflikt zu erzeugen.

Alle Formen sterben. Alles, was in einer Form erscheint, wandelt sich zu einer anderen Form. Das gehört dazu. Es ist brutal und es ist traurig und es ist freudvoll und es ist schrecklich – und absolut so vorgesehen.

Dies ist, was ist, und was auch immer ist, das ist. Die »Ich«-Dynamik möchte ständig irgendwo hingelangen oder von etwas wegkommen. Von dem, was ist, kann sie nicht wegkommen. Sie strengt sich sehr an und aus diesem Versuch, eine bessere Zukunft zu finden, erwächst mehr Leiden.

Wonach gesucht wird, ist *Dies* – die Unmittelbarkeit der Erfahrung.

Es existiert kein Zustand permanenter Glückseligkeit oder Ekstase. Keine Trauer oder keinen Schmerz zu fühlen ... so etwas gibt es nicht.

Das wäre auch gar nicht gewollt. Gewollt sind Erfahrungen. Und Erfahrungen spielen sich in Gegensätzen ab: Schönheit und Hässlichkeit, Traurigkeit und Glück, Schmerz und Vergnügen.

Diese Gegensätze sind nicht getrennt, es ist alles ein und dieselbe Sache. Es ist alles Gott. Jedes kleinste Stück davon ist Gott, der sich selbst durch vermeintliche Gegensätze erfährt.

Tod

F: Wenn der Körper-Geist-Mechanismus stirbt, würdest du auch das als Freiheit oder Befreiung betrachten?

Lisa: Ja.

Q: Wir wissen nicht wirklich, was es ist, nehme ich an? Es bleibt ein Mysterium.

Lisa: Es ist ein Mysterium, aber es geschieht jetzt. Tod geschieht auch bereits jetzt. Und in gewisser Weise geschieht überhaupt nichts.

F: Immer, wenn du das sagst, bringt es mich durcheinander. Meinst du damit, dass alles entsteht und dann wieder vergeht – aus dem *Nichts* heraus? Ist es das, was du meinst?

Lisa: Ja. Alles hat ebenso etwas von der Leere. Es gibt *Alles* und *Nichts*.

Je weniger Verstrickung in ein »Ich« besteht, desto offensichtlicher wird das.

Du kannst es nicht sehen, es ist ein Wissen – aber kein Wissen in Form von Gedanken.

Ich kann nicht so recht sagen, wie es ist, aber was ich sagen kann: Es geschieht *und* es geschieht nicht.
Es ist vollkommen offensichtlich, dass der physische Tod die absolute Freiheit bedeutet.
Die persönliche Identität stirbt und das ist die totale Befreiung.

Leere und Glückseligkeit

F: Sehr häufig fühlt es sich an, als würde Glückseligkeit aufsteigen. Es ist wie ein Sichauflösen. Ich würde sagen, dass ich gegangen bin, aber ich bin nicht wirklich gegangen, denn da ist immer noch so etwas wie eine menschliche Perspektive. Es fühlt sich offen und fließend an und sehr schön, wenn das Ego nicht anwesend ist.

Dann gibt es noch eine andere Erfahrung, beinahe etwas wie ein Hinterfragen, aber so, als sei da kein menschlicher Blickwinkel mehr. Das ist, als würde ich danach streben, den menschlichen Blickwinkel wiederzufinden – als käme ich vom Mars oder so. Erst dachte ich, das ist die Glückseligkeit, aber aus der anderen Perspektive ist es lediglich eine Erfahrung.

Lisa: Glückseligkeit kommt und geht. Worüber wir hier sprechen, ist Leere – die Abwesenheit von etwas. Diese Leere ist vollkommene Liebe, weil sie erfüllt ist. Glückseligkeit kommt und geht und du kannst den, der du bist, überhaupt nicht finden. Jemand könnte fragen, was der Körper getan hat, und die Antwort könnte eine Beschreibung des Körpers sein und dann ist da wieder die absolute Leere.

F: Aber auch die Leere kommt und geht?

Lisa: Es ist nicht so, dass sie kommt und geht, vielmehr kehrt die Person zurück und schaut darauf. Du kannst es nicht sehen, während es passiert. Wenn niemand anwesend ist, kannst du nicht darauf schauen – da geschieht nur das volle Leben. Du kannst nicht einmal sagen, dass es geschieht, denn vielleicht geschieht es auch nicht.

Da ist niemand, den es noch kümmert. Es ist die Abwesenheit von etwas, das sich kümmert. Es kann passieren, dass etwas zurückkehrt – vielleicht nur ein ganz klein wenig. Das ist verwirrend, denn die Person kehrt zurück und erzählt Geschichten darüber, versucht es einzuordnen und zu verstehen. Das »Ich« wird es nie verstehen. Niemals! Es ist ein absolutes Auflösen.

Manchmal kann es sich anfühlen, als sei es jenseits des Menschlichen, weil es leer von einem »Jemand« ist. Vorhin in der Küche sprachen einige darüber, wie schön es sei, dass Leute zu meinen Vorträgen gekommen sind; und ich finde es höchst seltsam, dass Leute zu meinen Vorträgen kommen.

Die Gier, festzuhalten

F: Ich spüre Gier ... mehr vom Geschmack der Freude zu wollen, die ohne das Denken kommt.

Lisa: Ja, aber sie kommt mit der Abwesenheit des Willens, sich daran festzuhalten.

Ich verstehe das Wort Gier. Ich kann Gier nachempfinden, aber da ist kein »Jemand«, der ihr Dauer verleiht. Es gibt keinen Impuls, sich anzuhaften, weil es um den Himmel oder die Liebe geht. Es ist die Abwesenheit des »Jemand«, der sich daran festklammern könnte, denn Liebe ist frei, was bedeutet, dass sie sich in einem permanenten Zustand des Verlusts befindet.

Diese Welt ist magisch. Die persönliche Energie sagt: »Lass mich bitte an etwas festhalten.«

Liebe ist der Verlust von all dem.

Dann geht es los: »Bitte, nur meine Kinder!« ... das ist manchmal so traurig. Oder: »Nur mein Hund!« Oder: »Okay, dann nur das Geld. Ich nehme das Geld!«

Nichts bleibt; es ist eine Welt des permanenten Verschwindens. Die Energie, die festhalten will, kann so unbeschwert sein – aber auch so traurig. Sie kann so unbeschwert sein, wenn sie den Liebhaber findet und sagt: »Das ist es jetzt!«

Am aufregendsten ist der Partner, wenn das Persönliche noch da ist und du denkst, du hast »den einen« gefunden und du besitzt ihn in gewisser Weise – ihr zwei seid zusammen und seid ein Team. Das kann unglaublich freudvoll sein. Aber dann ist da die andere Seite: Du könntest ihn verlieren ...

Du hast kein Leben

F: Lisa, gestern hatte ich nach unserem Treffen eine Menge Widerstände. Als du über die Verhaltensmuster sprachst und die Unfähigkeit, sie zu ändern, tauchten in meinem Kopf all diese Gedanken von »Natürlich kann man sich ändern!« auf. Mein Geist stritt innerlich die ganze Zeit mit dir und ich spürte den Tag über einen energetischen Zug nach innen, eine Verengung.

Dann fuhren wir zum Arunachala, es hörte auf und dann kehrte es wieder zurück. Nachts um fünf ging es erneut los: »Das ist nicht wahr, natürlich kann man seine Verhaltensmuster ändern. Ich kann etwas tun! Sie kann etwas tun!«

Auf einmal fiel mir ein, dass ich immer glaube, ein Leben zu haben, und dass du sagst, ich hätte keines. Ich will davon eigentlich nichts hören, aber kannst du es mir bitte noch mal sagen?

Lisa: Wenn Veränderung geschehen soll, erfordert es Denken oder eine Energie, damit die Veränderung passiert. Und vielleicht ist da ein Glaube, dass du das Auftauchen dieser Energie oder dieser Gedanken erschaffst. Woher kommen die Gedanken und die

Energie? Ist dort drinnen ein »Ich«, das diese Gedanken erzeugt, oder erscheinen sie plötzlich und dann passiert entweder etwas oder es passiert nichts?

F: Da ist eine starke Überzeugung, dass ich es tue, dass ich etwas ändern kann.

Lisa: Ja, und angenommen, du siehst, dass jemand leidet, aber nie etwas ändert ... dann kommen vielleicht Gedanken auf wie: »Sie ändert sich nicht. Sie könnte etwas tun, wenn sie nur wollte, aber sie tut es nicht.«

Es erfordert beides: Energie und Denken. Die Frage ist: Woher kommen die Energie und das Denken zur Veränderung? Woher kommt das?

Wenn erkannt wird, dass sich dort drinnen überhaupt keine Person befindet, die das tut – dass es aus dem absolut leeren Raum kommt – dann wird auch realisiert, dass niemand jemals etwas getan hat.

Was du glaubtest zu sein, waren nur auftauchende Gedanken, Empfindungen und Energien, die den Eindruck vermittelten, es gäbe einen »Jemand«, der handelt.

Das ist bitter für den, der zu handeln glaubt. Andererseits ist es eine große Befreiung und das

Ende der Vorwürfe, denn dann kannst du nie wieder jemanden beschuldigen, etwas nicht getan zu haben.

Im Erkennen, dass da absolut niemand ist, der diese Energien und Gedanken erschafft, fällt die Schuld weg.

Vorwürfe und Schuld stellen einen Großteil des Leidens dar. Daraus besteht der größte Teil der verdichteten Energie (der Persönlichkeit): »Sie hätten etwas anderes tun sollen. Ich hätte etwas anderes tun sollen.«

Wenn klar wird, dass das alles aus dem völlig leeren Raum kommt – von niemandem –, dann siehst du, dass nie jemand etwas Falsches getan hat. Die Quelle oder die Wurzel aller Gedanken und Gefühle kommt aus absoluter Leere.

Also ... tatsächlich *kommt* sie nicht wirklich daher – das ist nur eine Ausdrucksweise. Sie *ist* es!

Das bedeutet nicht, dass Handeln aufhören würde. Ich weiß, du bist eine Masseurin, auch das hast du nie »getan«.

F: Ja, ich bin eine medizinische Masseurin und habe mich das schon immer gefragt: Manchmal sind Patienten für eine einzige Sitzung da und Heilung geschieht. Manchmal sind sie zwanzig oder dreißig Sitzungen da und nichts verändert sich – nichts passiert. Ich habe mich immer gefragt, warum. Ich weiß nicht, wo es ist, dass Veränderung geschieht.

Lisa: Es mag jetzt lieblos klingen, aber so ist es nicht gemeint: Das Leben entscheidet sich für die Heilung oder dagegen. Das bedeutet nicht, dass deine Massage oder Heilpraxis nutzlos wäre – sie ist nur nicht die Quelle. Sie ist ein Teil des Flusses.

In der Vergangenheit hast du vielleicht gedacht, dass »es« etwas tun würde – »es« als ein göttlicher Ausdruck des Einsseins, der sich hier in Heilung, in Massage äußert. Daran ist nichts falsch. Sechzig oder siebzig Prozent der Leute mögen kommen und feststellen, dass der Schmerz verschwunden ist. Das geschieht niemals wegen der Massage. Es geschieht, weil das Leben selbst sich in dieser Weise ausdrückt. Das soll nicht das Ende der Massage bedeuten, sondern es bedeutet das Ende des Glaubens, *du* würdest es tun.

Oft hören Leute diese Botschaft und denken, ich würde damit sagen, sie sollten aufhören, zu tun, was auch immer es ist, das sie für nützlich halten. Eigentlich rede ich aber davon, dass die Aktivität des Geistes wegfällt, die dem, was sie tun, Wichtigkeit beimisst. Der Geist möchte es verstehen, doch in Wirklichkeit versucht er, Sicherheit und einen passenden Platz für sich in der Welt zu finden.

Wir wissen es einfach nicht. Wir sind nur Instrumente des Lebens, die ihre Rollen spielen. Der Geist will Sicherheit und er will an der Idee festhalten, dass uns in der Zukunft mehr erwartet.

****

Lisa Cairns gibt regelmäßig Live-Talks in englischer Sprache auf ihrem Youtube-Kanal. Hier können die Teilnehmer auch direkt Fragen an sie richten.
*Auf ihrer Homepage **www.lisacairns.com** finden sich weitere Informationen sowie Termine für Retreats und Talks.*

Reihe Neues Wir
Herausgeber: Wolf S. Schneider
adecis Verlag

Infos und Leseproben unter:
www.adecis-verlag.de

#1

Politik + Spiritualität: Die Macht und die Weisheit
Gemeinsam für eine menschlichere Welt

ISBN: 978-3-947193-01-1 (Print) 11,00 Euro -
196 Seiten
ISBN: 978-3-947193-02-8 (E-Book) 6,99 Euro

#2

Spiritualität: Die offene Weite
Ein undogmatischer Zugang

ISBN: 978-3-947193-03-5 (Print) 12,80 Euro -
292 Seiten
ISBN: 978-3-947193-04-2 (E-Book) 7,99 Euro

#3
Wege der Liebe – Wege der Freiheit
Ausgetretene Pfade verlassen

ISBN: 978-3-947193-05-9 (Print) 12,80 Euro - 268 Seiten
ISBN: 978-3-947193-06-6 (E-Book) 7,99 Euro

Die Reihe wird fortgesetzt ...